STORIE della BUONA NOTTE per BAMBINE RIBELLI

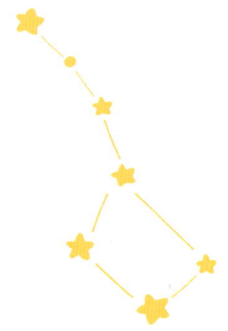

Si ringraziano Carolina Capria e Mariella Martucci per la collaborazione alla stesura dei testi.

Bambine Ribelli è un marchio registrato.
www.rebelgirls.com

Coordinamento editoriale: studio editoriale copia&incolla, Verona
Art Director: Fernando Ambrosi
Grafica e impaginazione: Silvia Bovo
In copertina: illustrazione di Pemberley Pond

L'Opera è stata creata in collaborazione con Rebel Girls, Inc.

 WWW.RAGAZZIMONDADORI.IT

MONDADORI-LIBRI PER RAGAZZI

© 2021 Rebel Girls, Inc. Tutti i diritti riservati.
© 2021 Mondadori Libri S.p.A.
Prima edizione ottobre 2021
Stampato presso ELCOGRAF S.p.A.
Stabilimento di Verona (VR)
Printed in Italy
ISBN 978-88-04-73814-5

Alle bambine ribelli di tutto il mondo:

la storia che non trovate ancora sui libri

è quella che state scrivendo voi.

· INDICE ·

PREFAZIONE XI

ALDA MERINI · POETESSA E SCRITTRICE — 2
ALFONSINA STRADA · CICLISTA — 4
ALICÈ · STREET ARTIST — 6
AMALIA ERCOLI FINZI · INGEGNERA AEROSPAZIALE — 8
ANGELA E LUCIANA GIUSSANI · FUMETTISTE E EDITRICI — 10
ANNA MAGNANI · ATTRICE — 12
ANNA MARCHESINI · ATTRICE, COMICA E SCRITTRICE — 14
ANNARITA SIDOTI · MARCIATRICE — 16
ARTEMISIA GENTILESCHI · PITTRICE — 18
ASIA LANZI · SKATER — 20
BARBARA MAZZOLAI · BIOLOGA — 22
BEBE VIO · SCHERMITRICE — 24
BIANCA PITZORNO · SCRITTRICE — 26
CAMILLA LUNELLI · IMPRENDITRICE — 28
CARLA FRACCI · BALLERINA — 30
CAROLINA AMARI · EDUCATRICE E FILANTROPA — 32
CAROLINA MORACE · CALCIATRICE E ALLENATRICE — 34
CATERINA CASELLI · CANTANTE E PRODUTTRICE DISCOGRAFICA — 36
CECILIA ALEMANI · CURATRICE D'ARTE — 38
CHIARA FERRAGNI · IMPRENDITRICE — 40
CHIARA MONTANARI · LIFE EXPLORER — 42
CLAUDIA RUGGERINI · PARTIGIANA — 44
COMPIUTA DONZELLA · POETESSA — 46

CRISTINA CATTANEO • MEDICO LEGALE E ANTROPOLOGA	48
CRISTINA TRIVULZIO DI BELGIOIOSO • PATRIOTA	50
CUOCHE COMBATTENTI • CUOCHE ATTIVISTE	52
DACIA MARAINI • SCRITTRICE E POETESSA	54
DONNE DELLA COSTITUENTE • POLITICHE	56
ELISA • CANTAUTRICE	58
ELSA MORANTE • SCRITTRICE	60
ELSA SCHIAPARELLI • STILISTA	62
EMANUELA LOI • POLIZIOTTA	64
EMMA BONINO • POLITICA	66
EMMA DANTE • DRAMMATURGA, REGISTA TEATRALE E CINEMATOGRAFICA	68
ESPÉRANCE HAKUZWIMANA RIPANTI • SCRITTRICE E ATTIVISTA CULTURALE	70
EVA MAMELI CALVINO • BOTANICA, NATURALISTA E ACCADEMICA	72
FABIOLA GIANOTTI • FISICA	74
FEDERICA GASBARRO • ATTIVISTA PER L'AMBIENTE E GREEN INFLUENCER	76
FEDERICA PELLEGRINI • NUOTATRICE	78
FERNANDA PIVANO • SCRITTRICE E TRADUTTRICE	80
FIONA MAY • ATLETA	82
FIORENZA DE BERNARDI • PILOTA DI LINEA	84
FRANCA RAME • ATTRICE E DRAMMATURGA	86
FRANCA VALERI • ATTRICE, SCENEGGIATRICE E DRAMMATURGA	88
FRANCESCA CACCINI • COMPOSITRICE	90
FUMETTIBRUTTI • FUMETTISTA	92
GAE AULENTI • ARCHITETTA E DESIGNER	94
GIADA ZHANG • IMPRENDITRICE	96
GIANNA NANNINI • CANTAUTRICE	98
GIANNA VITALI • LIBRAIA	100
GIULIA LAMARCA • PSICOLOGA E TRAVEL BLOGGER	102
GIULIETTA MASINA • ATTRICE	104
GIUSI NICOLINI • ATTIVISTA E POLITICA	106

GRAZIA DELEDDA • SCRITTRICE	108
GRAZIA NIDASIO • ILLUSTRATRICE E FUMETTISTA	110
GRETA BERARDI • ATTIVISTA	112
HANNAH • STUDENTESSA	114
IGIABA SCEGO • SCRITTRICE	116
ILARIA ALPI • GIORNALISTA	118
INGE SCHÖNTHAL FELTRINELLI • EDITRICE E FOTOGRAFA	120
IRENE FACHERIS • ATTIVISTA E FORMATRICE	122
IRMA TESTA • PUGILE	124
ISABELLA D'ESTE GONZAGA • MECENATE	126
KETTY LA ROCCA • ARTISTA	128
LA PINA • RAPPER E SPEAKER RADIOFONICA	130
LAVINIA FONTANA • PITTRICE	132
LEA GAROFALO • TESTIMONE DI GIUSTIZIA	134
LELLA LOMBARDI • PILOTA DI FORMULA UNO	136
LETIZIA BATTAGLIA • FOTOGRAFA E FOTOREPORTER	138
LINA MERLIN • SENATRICE	140
LINA WERTMÜLLER • REGISTA E SCENEGGIATRICE	142
LUISA SPAGNOLI • IMPRENDITRICE	144
MARGHERITA HACK • ASTROFISICA	146
MARIA GAETANA AGNESI • MATEMATICA	148
MARIA LETIZIA GARDONI • IMPRENDITRICE	150
MARIA MONTESSORI • DOTTORESSA E EDUCATRICE	152
MARIA ROSARIA CAPOBIANCHI • VIROLOGA	154
MARISA BELLISARIO • MANAGER	156
MATILDE DI CANOSSA • SIGNORA FEUDALE	158
MIUCCIA PRADA • STILISTA E IMPRENDITRICE	160
NADIA SANTINI • CHEF	162
NATALIA GINZBURG • SCRITTRICE, TRADUTTRICE E DRAMMATURGA	164
NICOLE ORLANDO • ATLETA	166

NILDE IOTTI • POLITICA	168
NIVES MEROI • ALPINISTA	170
ORIANA FALLACI • GIORNALISTA E SCRITTRICE	172
RAFFAELLA CARRÀ • ATTRICE, SHOWGIRL, AUTRICE E CONDUTTRICE	174
RITA LEVI-MONTALCINI • SCIENZIATA	176
ROSSANA ROSSANDA • GIORNALISTA E POLITICA	178
SABINA AIROLDI • BIOLOGA MARINA	180
SAMANTHA CRISTOFORETTI • ASTRONAUTA	182
SERAFINA BATTAGLIA • TESTIMONE CONTRO LA MAFIA	184
SOPHIA LOREN • ATTRICE	186
SUMAYA ABDEL QADER • ATTIVISTA	188
TAKOUA BEN MOHAMED • FUMETTISTA	190
TERESA SARTI STRADA • FILANTROPA	192
TINA ANSELMI • MINISTRA	194
TINA BASSI • AVVOCATA	196
TINA MODOTTI • FOTOGRAFA E ATTIVISTA	198
TROTULA DE RUGGIERO • DOTTORESSA	200

SCRIVI LA TUA STORIA 202

DISEGNA IL TUO RITRATTO 203

L'AUTRICE 205

HANNO COLLABORATO

PER I TESTI 206

PER LE ILLUSTRAZIONI 207

• PREFAZIONE •

Care Ribelli,

nelle prossime pagine potrete leggere cento storie di donne italiane che con il loro talento hanno realizzato imprese straordinarie in ogni campo. Non è stato facile sceglierne solo cento, perché ne esistono, e ne sono esistite, molte altre che hanno fatto altrettante cose incredibili; tuttavia, sono sicura che questo libro farà nascere in voi la voglia di andare a scoprire quelle che mancano all'appello e, chissà, magari perfino di raccontarle con le vostre parole. Il vero superpotere delle bambine ribelli è proprio questo in fondo: dare voce a donne speciali delle quali la storia si è dimenticata troppo in fretta, o delle quali non si è nemmeno mai accorta, aiutandole a riprendersi il posto che meritano nella nostra memoria collettiva.

I libri che studiamo a scuola purtroppo sono ancora costellati quasi esclusivamente di un susseguirsi di nomi maschili, come se la storia fosse stata scritta soltanto dagli uomini. Noi, però, sappiamo che le donne hanno avuto un ruolo fondamentale in tutti i momenti della storia del nostro Paese, dall'antica Roma alla lotta per l'Unità d'Italia, dal Rinascimento alla nascita della nostra Costituzione repubblicana, e sappiamo pure che i loro contributi, spesso osteggiati e sminuiti, sono stati essenziali per la nascita e per l'arricchimento della cultura italiana tanto quanto quelli degli uomini. Eppure, provate a pensare, quante scienziate italiane conoscete? Quante pittrici? Quante esploratrici, attiviste, architette, compositrici, imprenditrici? L'Italia finora non ha mai avuto una donna come Primo Ministro né come Presidente della Repubblica. Tutte le cariche più alte nelle aziende, nei partiti, negli ospedali, nelle scuole, nei giornali, nei teatri, nei musei, nell'amministrazione delle città… sono ancora oggi saldamente occupate da uomini nella stragrande maggioranza dei casi.

Qualcosa però sta cambiando. Una nuova generazione sta crescendo determinata a fare dell'uguaglianza di genere una priorità in tutti gli ambiti della nostra vita, pubblica e privata. E quella generazione siete voi, che avete tra le mani questo libro. Siete voi, bambine e bambini, ragazze e ragazzi, giovani donne e giovani uomini, già consapevoli senza nessuna esitazione del fatto che solo la piena parità di diritti e opportunità può garantire un futuro più ricco ed equo per tutti.

Ve lo confermeranno, nelle prossime pagine, le vite tanto eccezionali quanto affascinanti della scrittrice Grazia Deledda, della nuotatrice Federica Pellegrini, della stilista Miuccia Prada, della poetessa Alda Merini, dell'alpinista Nives Meroi, della matematica Maria Gaetana Agnesi, dell'astronauta Samantha Cristoforetti, dell'attrice Anna Magnani e di tutte le altre donne italiane che hanno reso la nostra cultura più bella, più giusta, più innovativa, più aperta, più inclusiva, più rivoluzionaria.

Possano queste storie aiutarvi a credere ancora di più nelle vostre capacità e nei vostri sogni. Possano ispirarvi a intraprendere nuovi studi, viaggi, avventure, professioni, battaglie. Possano spingervi a essere in prima persona portatrici e portatori di un cambiamento nella nostra società. Ma soprattutto possano farvi amare ancora con più forza l'Italia.

Buona lettura.

Con affetto,

Elena Favilli

STORIE della BUONA NOTTE per BAMBINE RIBELLI

ALDA MERINI

POETESSA E SCRITTRICE

C'era una volta una bambina solitaria e taciturna. Era nata il primo giorno di primavera e si chiamava Alda. I suoi genitori, il papà impiegato e la mamma casalinga, conducevano una vita modesta e non erano mai d'accordo su come educarla. Così, mentre il papà regalava ad Alda libri e le spiegava il significato dei termini più complicati, la mamma, che sognava per lei un matrimonio e una famiglia, era invece convinta che fosse giusto scoraggiare la sua passione per la lettura.

Quella ragazza dal carattere malinconico e sensibile, e che viveva piuttosto isolata, continuò, però, a impegnarsi nello studio e a coltivare l'amore per la scrittura, perché solo le parole riuscivano a farla sentire sempre accolta e compresa, offrendo rifugio al suo animo battagliero e tormentato. Alda non si fermò nemmeno quando il papà smise di sostenerla e strappò in mille pezzi l'elogio ricevuto a quindici anni per una poesia che aveva scritto: essere una poetessa non era un vero mestiere, le disse, e avrebbe fatto meglio a levarsi certe idee dalla testa!

Ma scrivere per lei era come respirare, e l'ossigeno che ne traeva le fu essenziale quando, a causa di una profonda depressione, venne ricoverata in una clinica e dovette trascorrere molto tempo da sola con i propri pensieri.

Alda passò gran parte della sua vita entrando e uscendo da ospedali psichiatrici, ma non smise mai di raccontare il dolore tremendo che provava, viveva e osservava, insieme all'enorme amore per la vita e per la poesia, da sempre e per sempre capace di far sbocciare la primavera anche nel più desolato paesaggio invernale.

21 MARZO 1931 – 1 NOVEMBRE 2009

• ALFONSINA STRADA •

CICLISTA

C'era una volta una bambina che s'innamorò di una bicicletta. Era un vero catorcio, ma ai suoi occhi era la cosa più bella mai vista. Ogni volta che poggiava i piedi sui pedali, Alfonsina si dimenticava della povertà e degli obblighi domestici e sognava di accodarsi ai ciclisti che, ogni domenica, gareggiavano per le strade sterrate della sua Emilia Romagna. Lei sapeva di esserne all'altezza: lo sentiva nelle gambe a ogni pedalata e nel cuore a ogni battito!

Ma come fai quando sei una ragazzina e i tuoi genitori ti ripetono che quello della ciclista non è un mestiere rispettabile per una donna? Nel caso di Alfonsina, ti tieni stretto il tuo sogno e ogni domenica fingi di andare a messa, quando invece pedali di nascosto verso una nuova gara, inanellando una vittoria dopo l'altra.

Una volta diventata adulta, però, Alfonsina non dovette più nascondersi, perché trovò un innamorato tanto felice di sostenere la sua passione da regalarle una bici da corsa come dono di nozze. Alfonsina iniziò così ad allenarsi come professionista e nel 1924 decise di affrontare una sfida che mai nessuna donna aveva tentato: partecipare al Giro d'Italia, una delle corse più impegnative del mondo!

All'epoca le bici da corsa erano pesanti e prive di cambio, ma Alfonsina affrontò caparbiamente i tratti più impervi del percorso, tenendo testa agli avversari e rientrando nel gruppo dei trenta ciclisti che tagliarono il traguardo finale.

Anche se era diventata una beniamina del pubblico, l'anno successivo le fu impedito di iscriversi, ma Alfonsina non aveva intenzione di fermare la sua corsa e continuò a gareggiare in tutta Europa, stabilendo persino un record di velocità che rimase imbattuto per ventisei anni.

16 MARZO 1891 – 13 SETTEMBRE 1959

• ALICÈ •

STREET ARTIST

C'era una volta una bambina che nella sua stanza costruiva città per i suoi pupazzetti, ciascuno dei quali rappresentava un mestiere. Il suo preferito era il pittore, tanto che a tre anni annunciò alla mamma: «Da grande anch'io sarò un pittore!».

Alice Pasquini, così si chiamava la bambina, sapendo che per imparare un mestiere bisogna studiare, si iscrisse al liceo artistico e mentre apprendeva sui libri l'arte classica scoprì la *street art*, una forma d'arte che considera i muri e gli arredi urbani come vere e proprie tele. Fu amore a prima vista.

Partendo dal muro del circolo giovanile del quartiere, che dipinse a soli diciassette anni, Alice iniziò a farsi largo nel mondo della *street art*. Mentre i suoi colleghi usavano pseudonimi, lei decise di firmarsi con il proprio nome, per spronare altre ragazze che sognavano di trovare un posto in quella realtà quasi totalmente maschile.

Da allora, Alice ha fatto viaggiare la sua arte per i cinque continenti. Le sue opere possono occupare lo spazio di una cassetta delle lettere o l'immensa facciata di un palazzo, ma tutte sono accomunate dal desiderio di raccontare figure femminili in cui qualsiasi donna possa riconoscersi, passandoci davanti e vedendole.

Oggi Alice non costruisce più città in miniatura, ma impreziosisce con le sue opere le periferie trascurate, in modo che chi le abita possa godere di quella bellezza che rende la vita più leggera.

Una volta messi via pennelli, rulli e bombolette, Alice saluta i suoi muri, che diventano di tutti. In un angolo, però, lascia sempre la sua firma a ricordare che quel dipinto l'ha fatto lei: Alicè. Alice c'è.

8 SETTEMBRE 1980

• AMALIA ERCOLI FINZI •

INGEGNERA AEROSPAZIALE

C'era una volta una bambina che, sfidando la sua paura del buio, si avventurava con la sorella sul balcone di casa per ammirare il cielo stellato. Di fronte a quello spettacolo, Amalia si percepiva come un puntino nell'universo e sentiva che era lì la chiave per realizzare i propri sogni: saper guardare lontano, oltre quelle stelle, non dimenticando mai di essere solo una minuscola parte dell'immenso tutto.

La sua grande passione era smontare gli oggetti per capire come funzionassero. Poco le importava se, una volta rimontata la bici, si ritrovava con pezzi che avanzavano e le mani sporche di grasso: doveva capire come il movimento dei pedali si trasformava in quello della ruota!

Alla fine del liceo, la crescente curiosità la orientò verso un obiettivo ambizioso: comprendere il funzionamento degli aeroplani. Così, nonostante i genitori sognassero per lei la carriera di insegnante, Amalia si iscrisse alla facoltà di Ingegneria Aeronautica al Politecnico di Milano, diventando la prima donna in Italia a laurearsi in quella materia. Lì conobbe il marito, con il quale diede vita a una famiglia numerosa con cinque figli. Amalia riuscì a vincere ogni stereotipo e a dimostrare che una donna può essere madre e lavoratrice.

In quegli anni, intanto, nasceva l'astronautica, e Amalia decise che era lì che avrebbe indirizzato la sua carriera. Da allora, si è affermata come figura di spicco dell'ingegneria aerospaziale internazionale e ha partecipato alla storica missione che ha mandato nello spazio la sonda *Rosetta*, facendola atterrare sulla cometa 67P.

Oggi, la "Signora delle comete" continua a guardare lontano, lavorando a diversi progetti come per esempio portare l'uomo su Marte e la creazione di un orto botanico sulla Luna. Senza mai dimenticare di essere solo una minuscola parte dell'immenso tutto.

20 APRILE 1937

ILLUSTRAZIONE DI
CARLA MANEA

"LE BAMBINE NON DEVONO
FARE TUTTE LE INGEGNERE,
PERÒ DEVONO SAPERE CHE,
SE VOGLIONO,
CE LA POSSONO FARE."
— AMALIA ERCOLI FINZI

ANGELA E LUCIANA GIUSSANI

FUMETTISTE E EDITRICI

C'erano una volta due bambine, che sin da piccole erano state incoraggiate a coltivare indipendenza e spirito d'iniziativa. Erano sorelle; Angela, la maggiore, era la più intraprendente, tanto che dopo la patente di guida decise, in barba alle convenzioni sociali dell'epoca, di prendere il brevetto di volo. Luciana, la minore, era timida e prudente, ma guardava con ammirazione il coraggio e l'anticonformismo della sorella, sua amica e complice.

Divenuta adulta, Angela iniziò a lavorare nella casa editrice del marito, ma presto si rese conto di volere di più: come per le auto e gli elicotteri, voleva stare lei alla guida e così fondò l'Astorina, una casa editrice tutta sua. A chi si sarebbero rivolte le pubblicazioni?, si chiese Angela. L'intuizione le arrivò osservando i pendolari che ogni giorno affollavano la stazione Cadorna, a Milano. A loro avrebbe offerto una lettura coinvolgente e leggera, in un formato pratico e maneggevole, che potesse entrare nella tasca di una giacca: avrebbe pubblicato fumetti!

Ma fu un'altra l'intuizione che avrebbe cambiato la sua vita, anche questa arrivata a bordo di un treno, dove trovò una copia abbandonata di un romanzo che aveva come protagonista un criminale. Il resto dell'ispirazione giunse da un fatto di cronaca, ed ecco che nacque Diabolik, un inafferrabile ladro di gioielli che, vignetta dopo vignetta, rubò anche il cuore di tanti lettori.

Il successo di Diabolik non cambiò solo la vita di Angela, ma anche quella della sorella, visto che l'editrice la volle a lavorare al suo fianco. Era appena nata una coppia di autrici che avrebbe fatto la storia del fumetto italiano e che avrebbe trasformato in sodalizio artistico il legame unico che solo due sorelle possono avere.

ANGELA 10 GIUGNO 1922 – 10 FEBBRAIO 1987
LUCIANA 19 APRILE 1928 – 31 MARZO 2001

ANNA MAGNANI

ATTRICE

C'era una volta una bambina che riusciva a conquistare tutti con la sua risata argentina e sincera. Si chiamava Anna e viveva in una casa sul Campidoglio insieme alla nonna Giovanna e a cinque zie. Chi fosse suo padre lo ignorava e di sua madre sapeva ben poco, solo che l'aveva messa al mondo e poi se n'era andata a farsi una nuova vita in Egitto.

E anche se la mamma le mancava, Anna aveva trovato un rimedio formidabile per gli attacchi di nostalgia: si gettava negli abbracci morbidi e caldi della nonna e si ripeteva che era una bambina fortunata, molto più ricca di quanto si potesse pensare. Aveva le lunghe passeggiate per Roma mano nella mano con la nonna, aveva le serate passate a chiacchierare con le zie e un piccolo allevamento di polli in terrazza ma, soprattutto, aveva un sogno: diventare attrice.

E così, a quindici anni, Anna si iscrisse all'Accademia nazionale d'arte drammatica per studiare recitazione. Non sapeva bene dove l'avrebbe condotta quella scelta, ma sentiva di dover assecondare quel desiderio di comunicare le emozioni che le palpitavano dentro a quante più persone possibile.

Dopo poco più di un anno fu scritturata da una compagnia teatrale, e di lì a breve arrivò il debutto al cinema. Era solo l'inizio di una carriera memorabile. Dopo aver salutato nonna Giovanna, Anna imboccò la strada che, riconoscimento dopo riconoscimento, la portò a diventare la prima italiana a vincere il Premio Oscar come miglior attrice protagonista.

Nannarella, come la chiamavano i suoi fan, aveva realizzato il suo sogno, e con il talento e quella risata che non aveva mai smesso di essere argentina e sincera, aveva aggiunto un altro tesoro alle ricchezze della vita: l'amore e l'apprezzamento del pubblico di tutto il mondo.

7 MARZO 1908 – 26 SETTEMBRE 1973

ANNA MARCHESINI

ATTRICE, COMICA E SCRITTRICE

C'era una volta una bambina in grado di vedere il lato gioioso di ogni cosa. Si chiamava Anna, e si diceva avesse ereditato la straordinaria capacità di far sorridere chiunque da sua madre Zaira, che a sua volta l'aveva avuta in dono da suo padre Giovanni.

Anna aveva il pregio di riuscire a trasformare in una storiella buffa tutto quello che le accadeva: anche le più semplici attività quotidiane diventavano occasioni per far nascere un sorriso, come quando a passeggio con la sorella Teresa faceva intendere che fossero gemelle o quando si esibiva nelle imitazioni dei professori per divertire i compagni di classe.

Divenuta grande, Anna decise che voleva provare a fare del suo talento comico un vero mestiere e così sostenne un provino per entrare all'Accademia nazionale d'arte drammatica Silvio d'Amico. Per due anni consecutivi fu giudicata troppo immatura per intraprendere quel percorso di studi, ma al terzo tentativo Anna riuscì finalmente a conquistare la commissione esaminatrice e a essere ammessa nella scuola dei suoi sogni.

Si trasferì a Roma e, coltivando con studio e impegno le sue innate qualità, riuscì a ottenere le prime occasioni di lavoro nel mondo dello spettacolo e i primi riconoscimenti. La vera svolta nella sua carriera, però, avvenne nel 1982 quando incontrò i due attori comici Tullio Solenghi e Massimo Lopez. Tra loro nacque un sodalizio artistico, Il Trio, che durò per tutti gli anni Ottanta e Novanta.

Anna è stata in grado di fare breccia nel cuore del pubblico con spettacoli entrati ormai a far parte della storia della televisione e del teatro italiano, confermandosi regina indiscussa nell'arte di far ridere chiunque abbia avuto la fortuna di ascoltarla.

19 NOVEMBRE 1953 – 30 LUGLIO 2016

ANNARITA SIDOTI

MARCIATRICE

C'era una volta una bambina che era la più mingherlina fra tutte le compagne della società di atletica leggera di cui faceva parte. Un giorno, dopo una gara di corsa in cui Annarita non era andata bene, per tirarla su di morale il suo allenatore prese un metro, la misurò e le disse: «Ora hai undici anni e sei alta un metro e quaranta, presto arriverai a un metro e sessantacinque, e allora sì che annienterai le tue avversarie!».

In realtà, nei due anni successivi, l'altezza di Annarita non cambiò molto, quello che cambiò fu invece la specialità in cui gareggiava. La società sportiva, infatti, aveva bisogno di una marciatrice e fu deciso che proprio lei sarebbe stata la più adatta a cimentarcisi. La marcia prevede una camminata leggermente sculettante e, per questo, all'inizio lei si vergognava ad allenarsi con quell'andatura buffa, ma una volta ottenuti i primi successi a livello nazionale non ebbe più dubbi: la marcia era la specialità che l'avrebbe resa una campionessa!

Nella sua Sicilia, Annarita si allenò con costanza e determinazione, macinando un chilometro dopo l'altro, marciando instancabile lungo strade statali e provinciali, con le auto che le sfrecciavano di fianco, o lungo la litoranea, con il mare e le isole Eolie a tenerle compagnia.

"Scricciolo d'oro", così la chiamavano, non superò mai il metro e cinquanta di altezza, ma questo non le impedì di inseguire il suo sogno, puntando dritta verso traguardi ritenuti irraggiungibili persino da coloro che la sostenevano e riuscendo a ottenere importanti riconoscimenti a livello europeo e mondiale. Annarita si è guadagnata così un posto tra le leggende mondiali della marcia.

25 LUGLIO 1969 – 21 MAGGIO 2015

ARTEMISIA GENTILESCHI

PITTRICE

C'era una volta una bambina dotata di un enorme talento per la pittura. Si chiamava Artemisia ed era figlia di un rinomato artista, Orazio Gentileschi, che, dando prova di intelligenza e lungimiranza, le permise di studiare e sperimentare, insegnandole tutto ciò che sapeva sul mestiere di pittore.

Nonostante, a quel tempo, alle donne non fosse concesso di coltivare il proprio talento artistico e nemmeno di frequentare i luoghi in cui si apprendeva l'arte, Artemisia imparò a disegnare, a impastare i colori e a usare i pennelli nella bottega del padre.

Per aiutarla a migliorare ulteriormente, il padre pensò di chiedere a un amico, il pittore Agostino Tassi, di prendere sua figlia come allieva e di insegnarle la prospettiva, ovvero la tecnica pittorica grazie alla quale gli artisti riescono a creare l'illusione della profondità su una superficie piatta come quella di una tela.

Purtroppo, però, Artemisia si trovò ben presto catapultata in un incubo, perché l'uomo che avrebbe dovuto aiutarla a diventare ancora più brava fece di tutto per sedurla e infine, di fronte all'ennesimo rifiuto, la aggredì.

Lei allora raccontò ciò che era accaduto al padre che, venuto a conoscenza di quei soprusi, denunciò l'amico senza curarsi di possibili vendette o ritorsioni.

Artemisia fu davvero coraggiosa perché affrontò con determinazione il processo che ne seguì e lottò fino a quando il suo aguzzino, che aveva negato le accuse professandosi innocente, non venne riconosciuto colpevole e condannato all'esilio.

La vita di Artemisia non tornò mai più quella di prima, ma quanto era accaduto non le impedì di diventare una delle più grandi artiste di tutti i tempi.

8 LUGLIO 1593 – 14 GIUGNO 1653

ASIA LANZI

SKATER

C'era una volta una bambina che non stava mai ferma. Si chiamava Asia e camminava appena quando il papà le insegnò ad andare sullo snowboard. Asia, però, viveva nel bel mezzo della Pianura Padana, e per un'appassionata di snowboard come lei era una tortura aspettare i weekend o le vacanze per raggiungere le cime innevate più vicine... per non parlare dell'estate, quando la neve non c'era proprio!

A risolvere il problema fu papà Gabriele, proponendole uno sport simile allo snowboard, ma che poteva essere praticato ovunque e in qualunque stagione. Fu così che Asia, a sei anni, salì per la prima volta su uno skateboard, diventando la beniamina degli skater dello skatepark dietro casa.

Quando Asia aveva dieci anni, l'Emilia fu flagellata da un terremoto, e nel tentativo di distrarre la famiglia da quel tragico evento, il papà propose alla figlia di partecipare alla sua prima gara. Unica bambina della sua categoria, si piazzò terza e lì sul podio capì che, impegnandosi, avrebbe potuto trasformare in professione quello che fino ad allora era stato solo un gioco.

Ben presto passò alle competizioni internazionali e conquistò titoli prestigiosi come quello di Campionessa d'Italia, senza però mai rinunciare al divertimento e alla complicità che caratterizzano lo skating, tanto da entrare a far parte di Bastarde Senza Gloria, una crew tutta al femminile che si propone di avvicinare le ragazze a questo sport.

«Quando vado in skate è come se un brivido mi attraversasse il corpo»: è questo lo spirito con cui Asia vive oggi la sua passione e professione, che l'ha portata a essere l'unica atleta a rappresentare l'Italia nello skateboard femminile ai XXXII Giochi Olimpici, la prima edizione a vedere lo skateboard disciplina olimpica.

9 GENNAIO 2002

• BARBARA MAZZOLAI •

BIOLOGA

C'era una volta una bambina che amava guardare il mare, in particolare quel mondo popolato di pesciolini e conchiglie che viveva tra gli scogli e che Barbara voleva capire e proteggere.

Proprio la passione per il funzionamento delle altre forme di vita, unita all'amore per la natura, la portò a studiare Scienze Biologiche, concentrandosi sull'impatto delle sostanze inquinanti sull'ambiente. Ben presto, però, il suo percorso da scienziata si arricchì di esperienze che la portarono a esplorare nuove discipline, fino ad approdare alla robotica bioispirata, una branca della scienza in cui biologia e ingegneria si uniscono per creare robot il cui funzionamento si ispira a quello delle piante.

Per Barbara, infatti, il segreto del futuro del Pianeta è racchiuso nella capacità delle piante di adattarsi all'ambiente. Ed è da questa idea che è nato il plantoide: il primo robot-pianta al mondo, capace di riprodurre il comportamento delle radici e utile, per esempio, a esplorare il suolo e fornire informazioni sulla sua composizione.

Oggi Barbara è considerata tra le esponenti più geniali del settore, dirige il laboratorio di Robotica Soft Bioispirata dell'Istituto Italiano di Tecnologia di Genova ed è a capo del progetto europeo I-Seed, sulle strategie di movimento dei semi, e del progetto GrowBot, che si propone di creare robot che si rifanno alle piante rampicanti, in grado di muoversi autonomamente e in maniera non invasiva al di sopra del suolo, per esempio infilandosi tra le macerie di una catastrofe o tra i resti di uno scavo archeologico.

Barbara ama ancora guardare il mare e ogni giorno lavora per costruire un futuro in cui i robot possano integrarsi con l'ambiente, rispettandolo, e diventare sempre di più strumenti di conoscenza capaci di aiutare l'uomo a prendere decisioni in grado di preservare il Pianeta.

2 NOVEMBRE 1967

ILLUSTRAZIONE DI
MONICA ZANI

"NON ESISTONO MATERIE PER UOMINI O
PER DONNE. ESISTE SOLTANTO CIÒ CHE AMIAMO,
CI PROVOCA EMOZIONI E CURIOSITÀ,
DESIDERIO DI CONOSCENZA E NUOVO SAPERE."
— BARBARA MAZZOLAI

• BEBE VIO •

SCHERMITRICE

C'era una volta una bambina che andò a una lezione di pallavolo e si innamorò della scherma. Stabilito che il primo sport non faceva per lei, infatti, Beatrice, detta Bebe, aveva vagato per il centro sportivo, restando folgorata dagli «Zorro vestiti di bianco» impegnati ad allenarsi. Fu subito chiaro che quella bimba indipendente che tirava con la sinistra aveva la stoffa della campionessa.

A undici anni, però, Bebe fu colpita da una meningite fulminante, una gravissima malattia, e per salvarla i medici dovettero amputarle le braccia e le gambe. Bebe restò in ospedale per 104 giorni, e tornata a casa promise a se stessa che si sarebbe riappropriata delle "tre S", cioè delle sue passioni: la scuola, gli scout e la scherma. Se per la scuola e gli scout le cose furono più semplici, ricominciare a praticare la scherma fu invece più complicato, e persino gli esperti sostenevano che Bebe non sarebbe mai tornata in pedana. Ma lei non si arrese e, dopo aver imparato in tempi record a usare le protesi per compiere gesti quotidiani, s'impegnò per riprendere gli allenamenti. Poco le importava se prima di lei nessuna schermitrice priva di braccia e di gambe avesse tentato l'impresa: Bebe fissò il fioretto alla protesi del braccio e inventò una tecnica con cui tornare a gareggiare.

Con impegno, determinazione e voglia di divertirsi, Bebe è diventata in pochi anni campionessa mondiale ed europea di fioretto paralimpico e si è aggiudicata una medaglia d'oro e una di bronzo alle Paralimpiadi di Rio de Janeiro del 2016. Nel 2021 è stata portabandiera alla cerimonia di apertura dei Giochi Paralimpici a Tokio durante i quali ha vinto un oro e un argento.

Ha fondato un'associazione a sostegno di bambini e ragazzi amputati, affinché riscoprano attraverso lo sport quella che per lei è una certezza: «La vita è una figata!».

4 MARZO 1997

"DA SOLO NON SEI NESSUNO, MA INSIEME SI PUÒ ARRIVARE DAPPERTUTTO."
— BEBE VIO

ILLUSTRAZIONE DI
ALICE PIAGGIO

• BIANCA PITZORNO •

SCRITTRICE

C'era una volta una bambina così allergica alle ingiustizie che ogni volta che ne scorgeva una sentiva il cuore battere forte per lo sdegno – per esempio quando la maestra tiranneggiava le alunne che venivano da famiglie povere e invece non risparmiava salamelecchi a quelle più ricche. Essendo ancora una bambina, Bianca non poteva riparare a quei torti nella vita reale, ma nella sua fantasia poteva eccome, e lo faceva nei racconti con cui riempiva le vecchie agende del papà.

Scrivere fu solo il primo dei tanti modi in cui Bianca riuscì a esprimere la sua creatività: ben presto, infatti, si appassionò alle arti visive, sognando di frequentare l'Accademia di Belle Arti. Il papà, però, non era d'accordo e insistette affinché si iscrivesse all'università. Lei lo accontentò, ma subito dopo la laurea in Lettere Classiche si trasferì a Milano, dove frequentò la Scuola d'Arte Drammatica del Piccolo Teatro e si specializzò in Cinema e Televisione alla Scuola Superiore di Comunicazioni Sociali dell'Università Cattolica.

Nel 1970 iniziò a lavorare in RAI come produttrice di programmi culturali per adulti e di alcuni dei programmi per ragazzi più famosi della televisione italiana. A farle capire la sua vocazione fu proprio il suo "capo" dell'epoca, che la sfidò a scrivere un romanzo per ragazzi in poco più di un mese. Bianca non solo vinse la sfida, ma capì che la scrittura era la sua strada.

Da allora, ha pubblicato quasi un libro all'anno, diventando un'autrice amata in tutto il mondo. Nel 2002 è stata nominata Goodwill Ambassador dell'UNICEF, e anche se dal 2004 si dedica esclusivamente alla scrittura per adulti, resta comunque nel cuore di generazioni di giovani lettrici alle quali, con le sue storie, ha insegnato ad ascoltare come batte forte il cuore quando si è di fronte a un'ingiustizia.

12 AGOSTO 1942

ILLUSTRAZIONE DI
GIULIA TOMAI

"IN PRIMA ELEMENTARE HO IMPARATO
TUTTO CIÒ CHE AVREI CONTINUATO AD AMARE
PER TUTTA LA VITA: LEGGERE E SCRIVERE."
— BIANCA PITZORNO

• CAMILLA LUNELLI •

IMPRENDITRICE

C'era una volta una bambina per cui il ciclo delle stagioni era scandito da una ricorrenza antica: la vendemmia. Ogni anno, quando alla fine dell'estate l'uva veniva raccolta e pressata, Camilla raggiungeva il papà, un esperto enologo, nelle cantine dell'azienda vinicola di famiglia e assaggiava il mosto, il dolcissimo succo d'uva appena spremuto.

Così come le viti delle campagne circostanti, anche Camilla aveva radici salde: una famiglia che l'amava, i vigneti floridi e la montagna, da sempre meta di esplorazioni. Allo stesso tempo, però, sentiva anche il desiderio di spiccare il volo e partire per vivere nuove esperienze. La prima tappa fu Milano, dove si laureò a pieni voti in Economia all'Università Bocconi. Poi vennero Parigi e New York, a cui seguì l'Africa. Dopo le prime esperienze lavorative, infatti, Camilla aveva deciso di mettere le sue competenze al servizio dei meno fortunati, dedicandosi al volontariato nel campo della cooperazione internazionale. Trascorse due anni in Niger per conto delle Nazioni Unite, e uno in Uganda, per aiutare le vittime della guerra civile che stava dilaniando il nord del Paese.

Nel frattempo, quasi ogni domenica, Camilla riceveva una telefonata dallo zio Gino, all'epoca presidente dell'azienda di famiglia, che un giorno le propose di tornare in Trentino per diventare direttrice della comunicazione e dei rapporti esterni delle cantine vinicole.

Camilla capì che, dopo tanto volare, desiderava tornare alle proprie radici. Da allora, lavora a fianco del fratello e dei cugini, rappresentando l'eccellenza italiana in giro per il mondo. E alla fine di ogni estate, quando giunge il tempo della vendemmia, porta i suoi figli ad assaggiare il mosto appena spremuto.

30 AGOSTO 1975

ILLUSTRAZIONE DI
GIULIA TOMAI

"SARÒ SODDISFATTA SOLO QUANDO RAGGIUNGEREMO IL 50% DI PRESENZA FEMMINILE NELLE AZIENDE ITALIANE."
— CAMILLA LUNELLI

· CARLA FRACCI ·

BALLERINA

C'era una volta una bambina che ballando incantava chiunque la guardasse. Carla ignorava i passi e le posizioni della danza, ma non appena sentiva le note di un valzer o di un tango, avvertiva il desiderio di seguire con il corpo la melodia. La sua passione per la danza non passò inosservata e ben presto un amico di famiglia suggerì ai suoi genitori di iscriverla alla Scuola di Ballo del Teatro alla Scala di Milano.

Carla non aveva mai sognato di fare la ballerina e, immaginando che da grande sarebbe diventata una parrucchiera, si esercitava acconciando i capelli di zie e cugine.

Ritrovatasi a soli dieci anni allieva della rinomata scuola di ballo, si rese subito conto che ad attenderla c'era una sfida ben più grande di quanto credesse: la danza classica richiedeva impegno, dedizione e disciplina, e a Carla, invece, mancavano tanto la libertà e i giochi all'aria aperta della vita in campagna. Ma nel giro di pochi anni, quando ebbe finalmente l'opportunità di danzare come comparsa su un palcoscenico, sentì dissolversi il peso dei sacrifici e della fatica sopportati fino ad allora. Dopo il diploma alla Scuola di Ballo, Carla diede inizio alla sua carriera da professionista, conquistando ben presto il ruolo di solista e poi di prima ballerina.

Da allora viaggiò per il mondo esibendosi sui palcoscenici dei teatri più prestigiosi, ma anche nei tendoni, nelle piazze e nelle chiese, con l'obiettivo di diffondere il più possibile l'amore per la danza.

E, successo dopo successo, quella bambina che improvvisava passi di danza facendosi guidare dalle note di un valzer divenne una delle ballerine più importanti della Storia.

20 AGOSTO 1936 – 27 MAGGIO 2021

ILLUSTRAZIONE DI
LETIZIA IANNACCONE

"LA DANZA È UN DIALOGO
INCESSANTE CON LA BELLEZZA."
— CARLA FRACCI

• CAROLINA AMARI •

EDUCATRICE E FILANTROPA

C'era una volta una bambina fortunata, nata in una famiglia colta e benestante. Sin dall'infanzia, Carolina fu educata all'amore per lo studio e al rispetto per coloro che vivevano in condizioni di difficoltà.

Carolina divorava ogni libro che trovava in casa, consapevole che l'istruzione era un privilegio a cui molte ragazze non potevano avere accesso. E tanto amava la lettura quanto adorava disegnare e ricamare insieme alla sorella e alla mamma, capace di creare ricami e merletti stupendi.

Diventata adulta, Carolina seguì l'esempio e gli insegnamenti dei genitori, escogitando un modo per aiutare le ragazze e le contadine dei dintorni. Così avviò in casa un laboratorio di ricamo, con l'obiettivo di offrire loro la possibilità di apprendere un mestiere con cui guadagnare il necessario per costruirsi una vita migliore rispetto a quella toccata in sorte alle donne che le avevano precedute. Carolina studiava vecchi dipinti, raccoglieva campionari e disegni e li consegnava alle sue artigiane affinché li riproducessero creando delle vere e proprie opere d'arte.

Quel primo esperimento fu solo l'inizio di un progetto ambizioso, che portò Carolina a viaggiare per il mondo, fino a raggiungere persino New York, dove nel 1905 fondò una scuola di ricamo e merletto per aiutare le giovani emigrate in America, ragazze prive di istruzione che, ritrovandosi in un Paese sconosciuto di cui ignoravano la lingua, finivano spesso per accettare lavori malpagati.

Per tutta la vita Carolina non dimenticò mai la fortuna che le era toccata in sorte e volle così mettere a disposizione il suo privilegio e i suoi talenti per fornire alle donne nate svantaggiate ciò che avrebbe contribuito a renderle più autonome e indipendenti: un mestiere.

9 SETTEMBRE 1866 – 11 AGOSTO 1942

ILLUSTRAZIONE DI
FRANCESCA POPOLIZIO

"IL NOME DI QUESTA COMPIUTA ARTISTA DELL'AGO E DEI FUSELLI FIGURA TRA I PRIMI NELLA RINASCITA DELL'ARTE NOSTRA."
— ELISA RICCI SU CAROLINA AMARI

• CAROLINA MORACE •

CALCIATRICE E ALLENATRICE

C'era una volta una bambina che viveva di fronte a un campetto da calcio, e quando lo scorgeva dalla finestra – un po' spelacchiato, con un dosso al centro e un susino vicino a una delle porte – non riusciva a resistere al suo richiamo: doveva correre a giocare! Non le importava di essere l'unica bambina in campo, perché sapeva di essere all'altezza degli avversari maschi, se non addirittura migliore di loro.

Carolina avrebbe fatto presto una scoperta: non solo esistevano altre ragazze appassionate di calcio, ma era stata notata da una squadra femminile che la voleva come giocatrice. Così, appena undicenne, debuttò come attaccante in Serie C e, in soli due anni, esordì in Serie A e poi in Nazionale.

Da allora Carolina non ha mai smesso di puntare sempre più in alto. Nella sua carriera ha segnato 105 goal in maglia azzurra e, unica nella storia, 4 in una sola partita a Wembley, il cuore del calcio mondiale. Ha vinto 12 scudetti, 2 Coppe Italia e una Supercoppa italiana. È stata dodici volte capocannoniere in Serie A, nonché la prima donna a entrare nella Hall of Fame del calcio italiano, nominata calciatrice più forte del mondo, tra le migliori d'Europa e tra le quattro del secolo.

Dopo vent'anni di attività agonistica da calciatrice ha intrapreso la carriera di allenatrice, affiancandola a quella di avvocata e commentatrice televisiva, diventando la prima donna al mondo ad allenare una squadra maschile.

Oggi, condividendo la panchina di squadre prestigiose con la moglie, l'ex calciatrice australiana Nicola Jane Williams, Carolina continua a combattere contro gli stereotipi che vedono il calcio come uno sport esclusivamente maschile e lo fa nell'unico modo che conta: offrendo alle giovani calciatrici un modello femminile a cui aspirare.

5 FEBBRAIO 1964

ILLUSTRAZIONE DI
CAMILLA GAROFANO

"NON CHIEDETE IL PERMESSO DI FARE UNA COSA CHE VI FA STARE BENE. FATELA. ASSECONDATE IL VOSTRO TALENTO."
— CAROLINA MORACE

CATERINA CASELLI

CANTANTE E PRODUTTRICE DISCOGRAFICA

C'era una volta una bambina dai capelli biondi di nome Caterina. Ogni giorno rimirava l'insegna della prestigiosa scuola di canto vicina all'istituto in cui studiava, a Sassuolo, e sognava di fare un'audizione. Sua madre, però, era contraria e fu la zia a insistere affinché potesse mettersi alla prova facendosi ascoltare da persone competenti. Così, con gli occhi lucidi per l'emozione, Caterina cantò davanti al maestro Callegari e fu felicissima quando quello le disse che la sua voce era interessante, sebbene acerba e inesperta.

Da quel momento, Caterina fu più che mai determinata a diventare una cantante, e dopo aver imparato a suonare il basso, studiò e si esercitò fino a quando entrò a far parte di un complesso che suonava nelle balere dei dintorni. Ancora giovanissima, iniziò a esibirsi prima davanti a pochi spettatori, poi su palchi sempre più importanti, fino a raggiungere quello del Piper a Roma, uno dei locali più in voga di quegli anni. La notorietà, però, arrivò quando, a soli diciannove anni, partecipò al Festival di Sanremo con il brano *Nessuno mi può giudicare*. La sua popolarità crebbe così tanto che la sua acconciatura, un caschetto biondissimo e corto, divenne di moda tra le ragazze della cosiddetta *beat generation*.

Proprio all'apice del successo, però, dopo avere anche recitato in diversi film musicali ispirati alle sue canzoni, Caterina decise di ritirarsi dalle scene e di dedicarsi alla sua famiglia. Ma il richiamo della musica si fece nuovamente sentire e così, supportata dal marito, si dedicò al lavoro di produttrice musicale, per cercare nuovi talenti e aiutarli a emergere. «Mi piace far conoscere il merito degli altri, essere un gradino per qualcun altro» disse per spiegare la sua scelta, e da allora "Casco d'oro" ha coltivato moltissimi giovani talenti, permettendo loro di spiccare il volo nella musica.

10 APRILE 1946

ILLUSTRAZIONE DI
MARTA PANTALEO

"IL CORAGGIO
È SICURAMENTE FARE
DELLE SCELTE DIFFICILI
SAPENDO CHE SONO
DIFFICILI."
— CATERINA CASELLI

CECILIA ALEMANI

CURATRICE D'ARTE

C'era una volta una bambina che aveva ereditato dalla famiglia l'amore per l'arte. Insieme ai genitori, Cecilia partiva per lunghi viaggi, scoprendo la cultura dei Paesi visitati attraverso i monumenti e le opere conservate nei musei.

Crescendo, Cecilia non perse questo amore, e quando si trasferì a Milano per frequentare il liceo classico iniziò a esplorare da sola i luoghi d'arte della città. Stimolata dalla sua insegnante di filosofia, capì che le sue attività preferite – leggere, studiare e ammirare – potevano guidare il suo percorso di studi. E fu dopo la laurea in Filosofia dell'arte che venne folgorata da una certezza: avrebbe trasformato la sua passione in una professione. Approdata a New York per un master, Cecilia avviò la sua carriera di curatrice d'arte, scovando nuovi talenti e aiutandoli a esporre le loro opere, con una predilezione particolare per le artiste donne, alle quali ha cercato di dare la meritata visibilità in un mondo dominato da artisti uomini.

E un po' alla volta sono arrivati incarichi prestigiosi. Nel 2011 è stata la prima curatrice sotto i quarant'anni a ottenere la carica di direttrice artistica dell'High Line Art, il prestigioso progetto di arte pubblica dell'omonimo parco urbano di New York, grazie al quale installazioni artistiche, mostre, performance e murales di qualità riescono a raggiungere anche coloro che non possono permettersi di frequentare i musei. Nel 2017, poi, ha curato il Padiglione Italia alla Biennale di Venezia e nel 2020 è stata scelta, prima donna italiana, come curatrice della 59ª edizione dell'Esposizione Internazionale d'Arte sempre della Biennale di Venezia.

La sua competenza e la sua bravura l'hanno portata così a essere inserita dalla prestigiosa rivista "Art Review" tra le cento personalità più influenti del mondo dell'arte contemporanea.

31 GENNAIO 1977

ILLUSTRAZIONE DI
CLAUDIA PALMARUCCI

"L'ARTE NON PUÒ IGNORARE
QUELLO CHE LE STA ATTORNO."
— CECILIA ALEMANI

· CHIARA FERRAGNI ·

IMPRENDITRICE

C'era una volta una bambina che amava viaggiare e riempirsi gli occhi di bellezza. Chiara non era la prima della classe e nemmeno la più brava negli sport, ma questo per lei non era un problema, perché i genitori le avevano insegnato che era speciale e importante, e non doveva costantemente dimostrare il proprio valore.

Da adolescente usò i punti accumulati dalla famiglia con la spesa al supermercato per prendere una macchina fotografica e iniziò a postare online le foto dei suoi outfit. La sua passione era insolita per quei tempi, ma Chiara si fidò dell'istinto e divenne precorritrice di una tendenza. Nel 2009 creò un blog chiamato "The Blonde Salad", e il suo modo nuovo di raccontare la moda attirò non solo un pubblico vastissimo, ma anche l'attenzione dei più importanti brand di abbigliamento, che la invitarono ad assistere alle loro sfilate. Man mano che la sua popolarità cresceva, vide aumentare anche il numero di persone convinte che la sua fama sarebbe stata passeggera e che, ben presto, il mondo si sarebbe dimenticato di lei. Chiara, però, non si fermò e, continuando a credere nelle proprie capacità e lavorando sodo, riuscì a dimostrare ai suoi detrattori di essere una pioniera nel mondo digitale e un'imprenditrice capace di creare il proprio brand di moda e di farlo crescere.

All'apice del successo e della notorietà, è diventata mamma di Leone e Vittoria, un bimbo e una bimba ai quali insieme al papà, il rapper Fedez, ha deciso di dare anche il proprio cognome.

Nel 2020, l'anno della pandemia di Covid-19, Chiara ha ricevuto l'Ambrogino d'oro per aver avviato, con il marito, una raccolta fondi per potenziare il reparto di terapia intensiva dell'ospedale San Raffaele di Milano.

Chiara ancora oggi non ha smesso di credere nei propri sogni e di dare il massimo per realizzarli.

7 MAGGIO 1987

"NON FATE COMPROMESSI, PERCHÉ GLI UOMINI NON LI FANNO."
— CHIARA FERRAGNI

ILLUSTRAZIONE DI
CAMILLA GAROFANO

· CHIARA MONTANARI ·

LIFE EXPLORER

C'era una volta una bambina indecisa sul mestiere che avrebbe fatto da grande. Una cosa, però, Chiara la sapeva: voleva esplorare, e quando guardava la sconfinata distesa azzurra del mare della costa toscana, sentiva il desiderio di scoprire che cosa ci fosse oltre l'orizzonte.

Esplorando i suoi tanti interessi, si iscrisse alla facoltà di Ingegneria Civile, cimentandosi con una tesi insolita e stimolante: progettare l'impianto di riscaldamento per una base di ricerca in Antartide! Era una sfida complessa, perché richiedeva di conciliare il minor impatto ambientale dell'impianto con il comfort delle persone che ne avrebbero beneficiato, ma Chiara ci riuscì così bene che le fu chiesto di realizzare il progetto. In men che non si dica si ritrovò catapultata nella Baia di Ross, dove fu amore a prima vista: era lì che voleva lavorare, in quella sconfinata distesa bianca, affrontando le sfide della natura.

Quella fu solo la prima delle cinque missioni polari a cui Chiara prese parte occupandosi della loro organizzazione. È stata, inoltre, la prima italiana a coordinare una spedizione con ricercatori internazionali in Antartide, in una base situata in cima alla calotta polare, a 1200 chilometri dalla costa e a 4000 metri di altitudine. Lì, Chiara ha imparato a fronteggiare imprevisti continui, capendo che se è impossibile cambiare un evento esterno, è invece possibile cambiare l'atteggiamento con cui lo si vive, e che un approccio positivo è la chiave per vincere ogni difficoltà.

Oggi Chiara condivide questa sua consapevolezza con professionisti e non, insegnando che la vita, così come una missione polare, è una continua esplorazione dentro e fuori di sé, e il modo migliore per affrontarla è con mente aperta e tanta creatività.

23 SETTEMBRE 1974

"ESSERE UN CAPO SPEDIZIONE DI UNA MISSIONE POLARE È COME ESSERE IL CAPITANO DI UNA NAVE DI PIRATI IN PIENA TEMPESTA."
— CHIARA MONTANARI

ILLUSTRAZIONE DI
ILARIA ZANELLATO

• CLAUDIA RUGGERINI •

PARTIGIANA

C'era una volta una bambina combattiva e fiera, con le idee chiare e nessun dubbio su cosa fosse giusto e cosa sbagliato. Si chiamava Claudia e quando la maestra le disse che doveva correggere il proprio modo di scrivere, si oppose con fermezza: lei era nata mancina e mancina sarebbe rimasta!

L'infanzia di Claudia non fu priva di dolore. A quel tempo in Italia c'era il fascismo e suo padre fu ucciso per aver abbracciato idee socialiste, contrarie al governo di Mussolini. Claudia allora decise che avrebbe lottato per la giustizia e fatto ciò che era in suo potere affinché l'Italia tornasse a essere un Paese in cui fossero rispettati diritti e libertà.

Da sempre amante dello studio e della cultura, dopo il diploma Claudia si iscrisse alla facoltà di Medicina e fu all'università che conobbe un gruppo di studenti antifascisti e divenne parte attiva della Resistenza.

Sin da subito Claudia affrontò missioni rischiose, e in sella alla bicicletta distribuì stampa clandestina, consegnò armi ai partigiani della Val d'Ossola e messaggi a quelli delle zone attorno a Piacenza.

Il 25 aprile del 1945 compì la sua azione più eroica. Nel giorno della Liberazione, lei e altri partigiani irruppero nella sede milanese del "Corriere della Sera", dando alle stampe il primo numero del "Nuovo Corriere della Sera", nel quale si celebrava la fine dell'occupazione nazifascista.

Ripresi gli studi in un'Italia ormai liberata, Claudia si laureò in Medicina per poi diventare primaria di neurologia. La bambina combattiva e fiera che era stata, però, non dimenticò mai le lotte sociali e non smise nemmeno per un attimo di battersi per la giustizia.

1 FEBBRAIO 1922 – 4 LUGLIO 2016

"LA LIBERTÀ VA COLTIVATA CON COSCIENZA, CONOSCENZA, RISPETTO DEGLI ALTRI E DELLA LORO, DI LIBERTÀ."
— CLAUDIA RUGGERINI

ILLUSTRAZIONE DI LIDA ZIRUFFO

• COMPIUTA DONZELLA •

POETESSA

C'era una volta una bambina di nobile famiglia fiorentina che viveva in una dimora elegante, nella quale la musica e la lettura erano i passatempi prediletti. Il suo nome era Compiuta Donzella e respirò sin da piccola un grande amore per la conoscenza.

Compiuta viveva in quell'epoca lontana chiamata Medioevo, in cui l'analfabetismo era molto diffuso, e se le donne che sapevano leggere erano pochissime, altrettanto poche erano quelle che avevano provato a scrivere poesie. Questo, però, non la fece desistere né abbattere, e così iniziò a comporre i suoi primi versi in volgare italiano, la lingua che a quei tempi era parlata dal popolo.

Attraverso la scrittura, Compiuta raccontava senza esitazioni i sentimenti e le emozioni che scuotevano la sua anima. Nel primo dei pochi sonetti che sono sopravvissuti fino a noi, la giovane descrive l'angoscia che prova alla prospettiva di doversi sposare per rispettare la volontà paterna, e la tristezza causata dall'idea di non poter realizzare i propri desideri per assecondare quelli della sua famiglia. In una giornata assolata di primavera, Compiuta osserva le altre fanciulle felici e si sente smarrita e sofferente di fronte al destino che la attende. A quei tempi, però, i matrimoni combinati erano la consuetudine, e Compiuta non poté far valere la sua intenzione di rinunciare a prendere marito e ritirarsi in convento per trascorrere la sua vita studiando e pregando.

Dell'opera di Compiuta non rimangono che tre sonetti e la certezza che quella bambina, che amava la cultura e i libri, fu la prima donna a scrivere poesie nella lingua parlata dalle persone comuni.

VISSUTA NEL XIII SECOLO

"E 'N GRAN TORMENTO VIVO
A TUTTE L'ORE; PERÒ NON MI
RALEGRA FIOR NÉ FOGLIA."
— **COMPIUTA DONZELLA**

ILLUSTRAZIONE DI
ELISABETTA STOINICH

• CRISTINA CATTANEO •

MEDICO LEGALE E ANTROPOLOGA

C'era una volta una bambina che si faceva tante domande e non aveva paura di cercare le risposte. Cristina era nata a Casale Monferrato, e già all'età di sette anni capì che non voleva limitarsi a osservare ciò che accadeva, ma voleva comprenderne le ragioni. Un giorno aveva chiesto alla mamma di che cosa fosse morto il vicino di casa della nonna e, ricevuto in risposta un laconico «Ha smesso di respirare», si rese conto di non essere soddisfatta e di volerne sapere di più. Quella curiosità crebbe in lei, tanto che, dopo il liceo classico, si iscrisse alla facoltà di Medicina e si specializzò in Medicina Legale, cominciando così a lavorare per ricostruire la storia di persone morte per cause sconosciute a partire dai loro cadaveri.

Nel 1995, insieme al professor Marco Grandi, fondò il Labanof, il Laboratorio di Antropologia e Odontologia Forense dell'Università degli Studi di Milano, che nel corso degli anni si è occupato di identificare, a partire dai loro resti, le vittime di alcuni disastri di massa – come terremoti e incidenti aerei –, o i morti del passato. Così, quando, nel 2013, un barcone con a bordo centinaia di migranti affondò al largo di Lampedusa, Cristina e i professionisti al suo fianco decisero di offrire le loro competenze per identificare i cadaveri recuperati in mare. Cristina era, infatti, convinta che ogni persona, nata in qualsiasi parte del Pianeta e indipendentemente dalla condizione sociale, avesse il diritto di essere pianta e ricordata dai familiari, e questo non sarebbe potuto succedere finché i morti di quella tragedia non avessero riavuto il proprio nome e la propria identità.

Quello fu solo l'inizio di una missione che Cristina decise di fare propria e che ancora oggi continua a portare avanti.

18 GENNAIO 1964

ILLUSTRAZIONE DI
MARTA SIGNORI

"DARE UN NOME AI MORTI
PRIMA DI SEPPELLIRLI
È UN DOVERE DI CIVILTÀ
CHE SI ASSOLVE
SOPRATTUTTO PER I VIVI."
— CRISTINA CATTANEO

CRISTINA TRIVULZIO DI BELGIOIOSO

PATRIOTA

C'era una volta una bambina che si autodefiniva "melanconica, seria, introversa, tranquilla". Cristina era nata in una famiglia aristocratica e, pur avendo perso il padre a quattro anni, ebbe un'infanzia serena con tutti i privilegi che la sua condizione permetteva.

Venne educata e istruita come una ragazzina del suo rango, ma sin da subito dimostrò di avere un carattere forte che mal si adattava al rispetto dell'etichetta. A sedici anni, infatti, sposò un uomo che la famiglia non approvava, e dal quale lei stessa, scopertane l'infedeltà, decise di separarsi poco dopo il matrimonio. Crescendo, Cristina abbracciò la causa dei patrioti, uomini e donne che lottavano per un'Italia unita e libera dalla dominazione austriaca, e fu costretta a lasciare il Paese per continuare a portare avanti le proprie idee. Dopo aver viaggiato a lungo, si fermò a Parigi, dove si circondò degli intellettuali più importanti dell'epoca e fece di tutto per sostenere le rivendicazioni dei cittadini italiani, scrivendo articoli e offrendo supporto a chi si batteva per l'unità d'Italia.

Tornata in patria, malvista per le sue scelte di vita e per essere madre di una bambina dal padre sconosciuto, decise di mettere a disposizione dei più sfortunati le sue ricchezze, creando asili e scuole per i bambini più poveri. L'impegno di Cristina per le cause in cui credeva, però, non si limitò a questo perché, oltre a fondare una rivista per diffondere le idee risorgimentali, formò un piccolo esercito di duecento volontari per sostenere i moti rivoluzionari di Milano, e quando ci fu bisogno di prestare soccorso negli ospedali si reinventò infermiera ed esortò altre nobildonne a fare lo stesso. Quando finalmente fu proclamata l'unità d'Italia, nel 1861, Cristina si ritirò nella sua residenza a Locate, dove rimase per il resto della vita.

28 GIUGNO 1808 – 5 LUGLIO 1871

"VOGLIANO LE DONNE FELICI E ONORATE DEI TEMPI AVVENIRE RIVOLGERE IL PENSIERO AI DOLORI E ALLE UMILIAZIONI DELLE DONNE CHE LE PRECEDETTERO."
— CRISTINA TRIVULZIO DI BELGIOIOSO

ILLUSTRAZIONE DI MARGHERITA MOROTTI

· CUOCHE COMBATTENTI ·

CUOCHE ATTIVISTE

C'era una volta una bambina che non stava mai zitta. Si chiamava Nicoletta Cosentino e da grande si innamorò di un uomo che giorno dopo giorno si rivelò una persona violenta. Per porre fine a quella relazione fatta di abusi e ricatti, Nicoletta si rivolse a un centro antiviolenza.

Qui ebbe la possibilità di guardare la sua storia da una prospettiva diversa. Capì di essere una vittima, intrappolata in un legame che non era amore, e decise di combattere per ricominciare partendo dal lavoro e dall'indipendenza economica.

Divenne anche consapevole che quanto le era accaduto era una sorte comune a tante altre donne, e così volle provare ad aiutarle offrendo loro la possibilità di lasciarsi il passato alle spalle per costruirsi un futuro migliore.

Nel 2017 fondò l'associazione Cuoche combattenti, che dopo due anni di lavoro incessante divenne un laboratorio di produzione alimentare in cui le vittime di relazioni violente potevano imparare un mestiere e guadagnarsi da vivere. Nicoletta voleva che per quelle donne in difficoltà fosse proprio la cucina il luogo del riscatto e della risalita, perché per molte di loro la casa era stata spesso una vera e propria prigione. Cuoche combattenti divenne in seguito anche un marchio di conserve, confetture e frollini realizzati da donne determinate a rimettersi in piedi.

Per Nicoletta era così forte la volontà di aiutare chi si trovava in una situazione simile a quella che aveva vissuto lei che decise di apporre su ogni prodotto non solo il marchio dell'associazione, ma anche una frase che potesse aiutare chiunque la leggesse a trovare il coraggio di chiedere aiuto.

E così, attraverso poche parole stampate su un'etichetta, la bambina che non stava mai zitta adesso può parlare a tutte le donne che hanno bisogno di aiuto.

2017

ILLUSTRAZIONE DI
ALESSANDRA DE CRISTOFARO

*"MAI PIÙ PAURA,
MAI PIÙ IN SILENZIO,
NON SIAMO VITTIME
MA COMBATTENTI!"*
— CUOCHE COMBATTENTI

• DACIA MARAINI •

SCRITTRICE E POETESSA

C'era una volta una bambina che sognava di spiccare il volo. Dacia aveva poco più di un anno quando si trovò a viaggiare su un piroscafo diretto in Giappone. Suo padre, infatti, aveva vinto una borsa di studio e, insieme alla moglie, aveva deciso di cogliere quell'opportunità e trasferirsi con tutta la famiglia nella regione di Hokkaido. Lì, Dacia crebbe libera e felicissima, ignara che la sua vita sarebbe presto stata stravolta. Nel 1943 il governo giapponese, alleato dell'Italia nella Seconda guerra mondiale, chiese agli italiani che vivevano nel Paese di aderire alla Repubblica di Salò, fondata da Benito Mussolini. I genitori di Dacia si rifiutarono e furono così imprigionati con le figlie in un campo di concentramento, dove patirono fame e angherie. Persa ormai ogni spensieratezza, Dacia riuscì a sopravvivere solo grazie all'amore della sua famiglia.

Quando l'Italia fu liberata dal fascismo, Dacia e i suoi familiari raggiunsero la Sicilia, dove finalmente ricominciarono a vivere. Furono quelli gli anni in cui Dacia iniziò a leggere romanzi su romanzi: amava perdersi nelle storie che parlavano di luoghi lontani, che le davano la sensazione di stare viaggiando pur restando sempre nello stesso luogo.

Compiuti diciott'anni, seguì suo padre a Roma, dove completò gli studi mantenendosi con piccoli lavoretti. Nel periodo in cui faceva da fattorina per una giornalista inglese diede alla luce i primi racconti, in seguito pubblicati su prestigiose riviste letterarie. Fu l'inizio di una lunga carriera come scrittrice, durante la quale Dacia non ha mai smesso di produrre opere letterarie e teatrali vincendo, tra gli altri, il Premio Campiello con il romanzo *La lunga vita di Marianna Ucrìa* e il Premio Strega con la raccolta di racconti *Buio*, e creando personaggi memorabili e coraggiosi almeno quanto lei.

13 NOVEMBRE 1936

ILLUSTRAZIONE DI
GIULIA TOMAI

"NON CREDO
CHE ESISTA UNA
LETTERATURA
AL FEMMINILE,
LO STILE È PERSONALE
E NON HA NULLA
A CHE VEDERE COL
SESSO DI UN AUTORE."
— DACIA MARAINI

DONNE DELLA COSTITUENTE

POLITICHE

C'erano una volta ventuno bambine (Adele Bei, Bianca Bianchi, Laura Bianchini, Elisabetta Conci, Maria De Unterrichter Jervolino, Filomena Delli Castelli, Maria Federici, Nadia Gallico Spano, Angela Gotelli, Angela M. Guidi Cingolani, Leonilde Iotti, Teresa Mattei, Angelina Livia Merlin, Angiola Minella, Rita Montagnana Togliatti, Maria Nicotra Fiorini, Teresa Noce Longo, Ottavia Penna Buscemi, Elettra Pollastrini, M. Maddalena Rossi, Vittoria Titomanlio) che un giorno si sarebbero ritrovate a lavorare insieme per rendere l'Italia un Paese migliore. Era il 1946 e per la prima volta, con l'introduzione del suffragio universale, le donne italiane non solo furono chiamate a votare, ma ebbero la possibilità di essere votate. Decidendo tra monarchia e repubblica, i cittadini elessero anche i 556 deputati che avrebbero fatto parte dell'Assemblea Costituente. Tra questi furono scelte anche 21 donne, che si trovarono a far parte del gruppo di persone che avrebbe scritto la Costituzione, il documento che stabilisce i principi che regolano la vita di uno Stato.

Prima di allora le donne non avevano mai partecipato attivamente alla vita politica e, in quell'occasione, non solo fecero sentire la loro voce in Parlamento, ma scrissero anche uno dei testi più importanti della storia d'Italia, con il quale venivano gettate le fondamenta della società democratica.

Le Donne della Costituente provenivano dalle esperienze di vita più disparate e appartenevano a partiti che difendevano e sostenevano idee politiche anche opposte. Erano diverse per età, provenienza e ceto, ma lavorarono unite e compatte per abbattere le discriminazioni di cui le loro connazionali erano ancora vittime.

La più giovane, la venticinquenne Teresa Mattei, ricevette l'incarico di segretaria nell'Ufficio di Presidenza dell'Assemblea Costituente, mentre Angela Maria Guidi fu la prima donna a prendere la parola in Parlamento. «Colleghi Consultori» esordì «nel vostro applauso ravviso un saluto per la donna che per la prima volta parla in quest'aula. Non un applauso dunque per la mia persona, ma per me quale rappresentante delle donne italiane che ora per la prima volta partecipano alla vita politica del Paese.»

ILLUSTRAZIONE DI
AMALIA MORA

• ELISA •

CANTAUTRICE

C'era una volta una bambina che si divertiva a indossare un frac per imitare la cantante Liza Minnelli. Nella città di Monfalcone, dove viveva, Elisa Toffoli era conosciuta come la figlia della parrucchiera, perché spesso si recava nel salone della madre e la aiutava come sciampista. Posta al confine con l'area balcanica e l'Europa orientale, Monfalcone è un crocevia di culture e tradizioni, ed Elisa crebbe conoscendo lingue diverse e persone provenienti da luoghi lontani.

A undici anni iniziò a scrivere le sue prime canzoni e già a tredici a esibirsi come corista e musicista nei gruppi locali. Nonostante la timidezza che la contraddistingueva, il suo talento emerse prepotente e quando non aveva ancora compiuto sedici anni, fece la sua prima audizione. Ad ascoltarla c'era la produttrice Caterina Caselli che rimase talmente impressionata dalla voce e dai testi scritti di quella ragazza giovanissima da proporle di firmare un contratto con la sua casa discografica.

Elisa creò il primo album, scrivendone testi e musica, e nel 1997 vide la luce "Pipes & Flowers", il suo disco d'esordio. Fu quello l'inizio di una carriera che l'avrebbe portata a ottenere numerosi riconoscimenti.

Anche se amava scrivere e cantare in inglese, nel 2001 Elisa affrontò una nuova sfida e partecipò al Festival di Sanremo con una canzone in italiano dal titolo *Luce (tramonti a nord est)*, grazie alla quale vinse. Da allora ha inciso numerosi dischi e si è esibita sui palchi di tutto il mondo, riuscendo a non tradire mai se stessa e rimanendo la ragazzina timida ma tenace, che trovava nelle parole e nella musica il modo per esprimersi.

Dal 2018 è diventata Ambasciatrice di Save the Children, perché è profondamente convinta che sia fondamentale impegnarsi in prima persona affinché siano rispettati i diritti di tutti i bambini del mondo.

19 DICEMBRE 1977

"NIENTE È MAI INIZIATO PER NOI
E NIENTE MAI FINIRÀ."
— ELISA

ILLUSTRAZIONE DI
GIULIA VETRI

ELSA MORANTE

SCRITTRICE

C'era una volta una bambina che voleva diventare una scrittrice. Quella bambina si chiamava Elsa ed era talmente incuriosita dai libri che riuscì a imparare a leggere e a scrivere da sola, mettendo subito in chiaro non solo quali fossero le sue doti, ma anche la sua forza di volontà. Elsa abitava al Testaccio, un quartiere popolare di Roma, e la sua famiglia viveva in condizioni economiche modeste. Il vero padre di Elsa e dei suoi fratelli non era l'uomo che viveva assieme a loro, ma un uomo con il quale la madre aveva una relazione da molti anni, e con il quale i quattro ragazzi avevano pochi rapporti.

Le doti speciali di Elsa furono da subito chiare ai suoi familiari, e sua madre Irma cercò sempre di assecondare la straordinaria vivacità intellettuale della figlia e le sue capacità di scrittura fuori dal comune, spronandola e sostenendola. Elsa era ancora adolescente quando iniziò a pubblicare poesie, fiabe e filastrocche su importanti periodici, tra cui il "Corriere dei piccoli", una rivista settimanale rivolta a un pubblico di giovani lettori.

A diciotto anni decise di andar via da casa, ma, non riuscendo a mantenersi con il suo lavoro, fu costretta a lasciare l'università e la facoltà di Lettere a cui si era iscritta.

I sacrifici e le difficoltà, però, non fecero perdere la determinazione a Elsa, e il successo popolare arrivò con il suo secondo romanzo: *L'isola di Arturo*. La storia del percorso di crescita di un ragazzino di nome Arturo, che nasce e vive sull'isola di Procida, valse a Elsa, infatti, uno dei maggiori riconoscimenti che possa ricevere uno scrittore italiano: il Premio Strega. Era il 1957, ed Elsa fu la prima donna a vincerlo.

18 AGOSTO 1912 – 25 NOVEMBRE 1985

ILLUSTRAZIONE DI
NINAMASINA

"BISOGNA SCRIVERE
SOLO LIBRI
CHE CAMBIANO
IL MONDO."
— ELSA
MORANTE

ELSA SCHIAPARELLI

STILISTA

C'era una volta una bambina che amava i fiori, che con i loro colori riuscivano a rendere allegra anche la strada più grigia. E fu per questo che Elsa decise di affidarsi proprio ai fiori per diventare più carina. A differenza di quanto accadeva alla sorella maggiore, infatti, nessun familiare le diceva mai che era bella. Così, Elsa prese dei semi e se li infilò nel naso, nelle orecchie e in bocca, certa che quando sarebbero fioriti, lei avrebbe smesso di essere un'anonima bambina con capelli e occhi scuri. L'esperimento non funzionò, ma lei non si arrese alla normalità a cui cercavano di riportarla i genitori e con l'immaginazione continuò a inseguire la bellezza.

Terminati gli studi iniziò a viaggiare, a disegnare e a "cucire" abiti servendosi solo di fantasia e pochi spilli. Ma fu quando era ormai una donna, con un matrimonio alle spalle e una figlia da accudire, che Elsa decise di puntare tutto sul talento e sulla passione per la moda.

Si trasferì a Parigi dove frequentò un gruppo di artisti che la ispirò, tra questi colui che divenne un suo caro amico, il pittore surrealista Salvador Dalí, con il quale creò il cappello-scarpa, un copricapo che aveva la forma di una calzatura da donna. Nel laboratorio attrezzato in casa, poi, confezionò un pullover su cui campeggiava un grande fiocco. L'idea di rivisitare in maniera sofisticata un indumento comodo, indossato di solito per lavorare nelle campagne, piacque molto, e in breve il successo di Elsa crebbe.

La bambina che voleva abbellirsi il viso con i fiori, però, non si limitò a disegnare vestiti e inventò anche un colore: il rosa shocking, noto anche come rosa Schiaparelli. Un colore capace di rendere allegra anche la giornata più grigia.

10 SETTEMBRE 1890 – 13 NOVEMBRE 1973

"UN ABITO NON È SOLO STOFFA: UN ABITO È UN PENSIERO."
— ELSA SCHIAPARELLI

ILLUSTRAZIONE DI
VERONICA CARATELLO

• EMANUELA LOI •

POLIZIOTTA

C'era una volta una bambina gentile e allegra di nome Emanuela, che amava osservare il mare che circondava la sua isola, la Sardegna.

Spinta dal sogno di diventare maestra, si iscrisse all'istituto magistrale, ma i suoi progetti furono stravolti da un'opportunità inaspettata. Quando aveva vent'anni, infatti, Emanuela accompagnò la sorella a sostenere il concorso per entrare in Polizia, e quasi per gioco decise di affrontare anche lei le prove di ammissione, superandole tutte. Anche se non era quello il futuro che aveva immaginato per sé, lo accolse e si ritrovò a prestare servizio a Palermo.

All'epoca la Sicilia viveva un periodo di tensione nel quale gli attacchi da parte della mafia contro la magistratura e le forze dell'ordine si erano fatti violenti e frequenti, e solo pochi mesi prima il giudice Giovanni Falcone aveva perso la vita in un attentato terroristico. Ciononostante, spinta da un forte senso di responsabilità nei confronti del proprio lavoro, Emanuela accettò di entrare a far parte della scorta incaricata di proteggere il giudice Paolo Borsellino, che portava avanti con Giovanni Falcone la lotta alla mafia. E fu proprio nel tentativo di difendere la vita di Borsellino che, il 19 luglio 1992, Emanuela, a soli ventiquattro anni, rimase uccisa nella tristemente nota strage di via D'Amelio. Insieme a lei morirono il giudice e altri cinque poliziotti della scorta.

Stravolgendo i suoi progetti di vita, Emanuela non divenne una maestra, ma fu tra le prime agenti della Polizia di Stato a fare parte di una scorta e la prima a restare uccisa in servizio. Con la sua storia insegna ancora oggi a colleghi e cittadini il significato delle parole "coraggio" e "dedizione".

9 OTTOBRE 1967 – 19 LUGLIO 1992

ILLUSTRAZIONE DI
IRENE RINALDI

"SE HO SCELTO DI FARE LA POLIZIOTTA NON POSSO TIRARMI INDIETRO."
— EMANUELA LOI

• EMMA BONINO •

POLITICA

C'era una volta una bambina che possedeva una dote fuori dal comune. Quella bambina era in grado di vedere le ingiustizie. Tutte le volte che ne scorgeva una, Emma non poteva fare a meno di impegnarsi per correggere quella che considerava un'inaccettabile storture, perché «se cambiare si può, tentare si deve».

Fu per questo che, trasferitasi a Milano da Bra (Torino) per frequentare la facoltà di Lingue, divenne un'attivista per i diritti civili partecipando a tantissime manifestazioni per migliorare il mondo.

Il diritto alla parità tra uomo e donna, il diritto all'aborto, il diritto al divorzio, il diritto al cibo: Emma fece sentire la sua voce e combatté per questi e per tutti i diritti fondamentali della persona, diventando un punto di riferimento per moltissimi italiani. Avvicinatasi al Partito Radicale, partecipò a proteste pacifiche e scioperi, ritrovandosi nell'approccio non violento e aperto al dialogo di quel movimento politico.

A soli ventotto anni entrò in Parlamento calpestando il marmo di Palazzo Montecitorio con i suoi zoccoli neri, e da quel momento non smise mai di occuparsi di politica e di mettere al centro della propria vita l'impegno per una società più equa.

È stata Ministra degli esteri, Commissaria europea, Ministra per il commercio internazionale e Vicepresidente del Senato.

Nel 2014 ha annunciato di essere in cura per un tumore al polmone. Confermando il suo spirito battagliero e fiero, da allora non ha mai taciuto le difficoltà che era costretta ad attraversare, ma affiancando la nuova lotta alla malattia a quella di sempre per una società migliore, continua a condurre con coraggio e forza le sue battaglie.

9 MARZO 1948

"SONO SICURA CHE SIA POSSIBILE, ANCHE SOLO DI UN CENTIMETRO, CAMBIARE IL MONDO."
— EMMA BONINO

ILLUSTRAZIONE DI
ILARIA ZANELLATO

• EMMA DANTE •

DRAMMATURGA, REGISTA TEATRALE E CINEMATOGRAFICA

C'era una volta una bambina che non credeva avrebbe mai lasciato l'isola in cui era nata. Taciturna, Emma amava starsene stesa a pancia in su, a scrutare il soffitto di casa, che grazie alla sua fantasia si trasformava nel punto di partenza per storie e viaggi immaginari.

Ciò che Emma ignorava era che il suo primo vero viaggio, che l'avrebbe portata fuori dalla Sicilia, sarebbe avvenuto proprio grazie a una storia e alla rivelazione avuta nel vederla rappresentata. Emma aveva da poco terminato le scuole medie, quando una gita scolastica la portò nell'antico teatro greco di Siracusa. Lì, sotto il sole, rimase folgorata dalla messa in scena dell'*Antigone*, una celebre tragedia greca, e tornata a casa disse alla mamma: «È questo quello che voglio fare, l'attrice!».

Fu proprio la mamma, qualche anno dopo, a metterla su un treno diretto a Roma, dove Emma era stata ammessa all'Accademia nazionale d'arte drammatica Silvio d'Amico. La scoperta del suo vero talento avvenne, però, quando Emma fece ritorno nella sua città natale, Palermo e, in seguito a gravi lutti familiari, sentì che interpretare dei ruoli non le bastava più, perché avvertiva il bisogno di creare lei stessa dei personaggi da crescere e veder vivere sul palcoscenico. Così, fondata la propria compagnia, iniziò la carriera di drammaturga e regista teatrale, raccontando drammi familiari e rivisitando le fiabe classiche da un punto di vista anticonformista e rivoluzionario.

Da allora, Emma si è affermata come voce di spicco del teatro internazionale, ottenendo riconoscimenti prestigiosi, portando le sue storie anche sul grande schermo, prestando il suo talento registico al mondo dell'opera lirica e conquistando, dalla sua isola, spettatori in tutto il mondo.

6 APRILE 1967

ILLUSTRAZIONE DI
CARLA MANEA

"VORREI CHE A NOI DONNE
FOSSE DATA L'OPPORTUNITÀ
DI AVERE PIÙ SPAZIO
E DI FORMARCI DI PIÙ."
— EMMA DANTE

ESPÉRANCE HAKUZWIMANA RIPANTI

SCRITTRICE E ATTIVISTA CULTURALE

C'era una volta una bambina che dal Ruanda era arrivata in Italia per sfuggire al genocidio che stava flagellando il suo Paese. Nascere in Africa le aveva dato la pelle nera, ma si era convinta di avere la pelle bianca come quella dei suoi genitori adottivi e degli abitanti della cittadina in cui viveva. Guardandosi attorno, infatti, Espérance non trovava nessuno che le somigliasse, in cui riconoscersi e a cui aspirare, e per lei, «un chicco d'uvetta in un bicchiere di latte», ignorare quella differenza così evidente era l'unico modo per non vederla.

Intanto, però, continuava a cercare bambine che le somigliassero tra le pagine dei libri che prendeva in prestito nella biblioteca comunale: la ricerca era sempre fallimentare, ma in quelle storie Espérance si sentiva felice e al sicuro. Così, compiuti otto anni, decise che da grande sarebbe diventata la migliore scrittrice nera italiana. Per riuscirci, una volta cresciuta, si trasferì a Torino per frequentare una scuola di scrittura. Intanto, leggendo leggendo, Espérance trovava storie che avevano come protagoniste donne che le somigliavano, ma non solo: entrando in contatto con associazioni che si occupavano di razzismo, aveva avuto modo di conoscere persone in carne e ossa da cui imparare quanto meravigliosa fosse la sua pelle nera e quanto fosse importante per lei affermare la propria diversità.

Da allora, Espérance è in prima linea nella battaglia contro il razzismo, e mentre insegue il sogno di diventare la migliore scrittrice nera italiana unisce l'attivismo alla scrittura, creando quelle storie che da bambina non aveva trovato sugli scaffali della biblioteca. Ed è certa che la se stessa di quando aveva otto anni sarebbe orgogliosa di lei.

9 SETTEMBRE 1991

ILLUSTRAZIONE DI
CHIARA LANZIERI

"SONO NERA, ITALIANA,
DONNA, E SCRIVO."
— ESPÉRANCE HAKUZWIMANA
RIPANTI

• EVA MAMELI CALVINO •

BOTANICA, NATURALISTA E ACCADEMICA

C'era una volta una bambina curiosa e indipendente che amava la natura. Crescendo, Giuliana Luigia Evelina, che tutti chiamavano Eva, intraprese gli studi che più sentiva adatti a sé anche se all'epoca erano considerati maschili e, frequentato il liceo pubblico, conseguì la laurea in Fisica e Matematica presso la facoltà di Scienze di Cagliari. A ventun anni lasciò la Sardegna per Pavia, dove si laureò in Scienze Naturali e divenne la prima donna in Italia a ottenere una cattedra universitaria in Botanica.

La sua vita fu stravolta dall'incontro con l'agronomo Mario Calvino, che, dopo averla conosciuta per la sua fama di brillante accademica, le chiese di sposarlo e partire con lui per Cuba, dove dirigeva la Stazione agronomica sperimentale di Santiago de las Vegas. Il loro fu un legame speciale, sentimentale ma anche professionale, visto che Eva fu direttrice del Dipartimento di Botanica della Stazione sperimentale.

Tornata in Italia nel 1925, per il resto della vita Eva diresse con il marito la Stazione sperimentale di floricoltura di Sanremo, nata per introdurre in Italia la coltivazione di piante come palme e kiwi, che i coniugi avevano portato dai loro viaggi.

Lo scrittore Italo Calvino, suo figlio, la descriveva come una donna rigida e volitiva, che però aveva sempre dimostrato con i fatti la sua sensibilità: prestando servizio come crocerossina nella Prima guerra mondiale, impegnandosi per migliorare le condizioni di vita dei contadini a Cuba e offrendo rifugio a partigiani ed ebrei durante la Seconda guerra mondiale. Ma soprattutto, Eva seppe dimostrare il suo amore per la natura attraverso la ricerca scientifica e, impegnandosi nell'opera di sensibilizzazione per la tutela degli uccelli, divenne nei fatti una pioniera del movimento ambientalista.

12 FEBBRAIO 1886 – 31 MARZO 1978

ILLUSTRAZIONE DI
FLAVIA SORRENTINO

"NON AVEVO ANCORA IDEA DI COSA AVREI FATTO, PERÒ SAPEVO CHE DESIDERAVO SCOPRIRE PER ESSERE UTILE."
— EVA MAMELI CALVINO

· FABIOLA GIANOTTI ·

FISICA

C'era una volta una bambina timida e riservata a cui piaceva giocare con le bambole e anche a calcio. Curiosa com'era, Fabiola assorbì dal papà geologo l'amore per la natura e dalla mamma quello per la musica, le lettere e l'arte, e affiancò agli studi al liceo classico l'impegno della danza classica e del pianoforte, tanto da prenderne il diploma.

All'indomani dell'esame di maturità, Fabiola si trovò davanti a un bivio: a quale facoltà iscriversi? Filosofia o Fisica? Alla fine, scelse la seconda, sperando che l'avrebbe aiutata a trovare le risposte a tutti i suoi perché. A ispirarla nella decisione fu anche la scoperta della scienziata polacca Marie Curie, che conobbe leggendo una sua biografia e di cui rimase colpita per la passione e la dedizione per la ricerca. Alla laurea in Fisica seguì un dottorato sulle particelle elementari, le componenti più piccole della materia e dell'universo.

Nel 1994, grazie a una borsa di studio, Fabiola approdò al CERN di Ginevra, il più grande laboratorio di fisica delle particelle al mondo, e rimase lì ben oltre i due anni previsti. Nel 1996, infatti, fu assunta come ricercatrice per poi diventare, nel 2016, la prima direttrice generale donna, posizione per la quale fu nuovamente selezionata nel 2019, cosa mai accaduta prima nella storia del CERN.

Nella sua carriera, Fabiola ha partecipato a programmi che hanno segnato la storia della ricerca scientifica, come quello che ha portato alla scoperta del bosone di Higgs, ricevendo riconoscimenti e onorificenze, e diventando una figura di riferimento per le giovani donne che sognano di dedicarsi alla ricerca scientifica, proprio come Marie Curie lo era stata per lei.

29 OTTOBRE 1960

"LA CONOSCENZA,
COME L'ARTE,
È UN DIRITTO
E UN DOVERE
DELL'UMANITÀ."
— FABIOLA
GIANOTTI

ILLUSTRAZIONE DI
MARGHERITA MOROTTI

FEDERICA GASBARRO

ATTIVISTA PER L'AMBIENTE E GREEN INFLUENCER

C'era una volta una bambina che ogni estate lasciava Roma e partiva per l'Abruzzo, dove erano nati i suoi genitori e dove vivevano ancora i suoi nonni. Lì, Federica trascorreva le giornate facendo lunghe passeggiate e trasformandosi in una piccola esploratrice, curiosa di scoprire i dettagli della natura attorno a lei. Crescendo, non perse questa curiosità, tanto da intraprendere gli studi in Scienze Biologiche.

Proprio all'università, seguendo una conferenza sui cambiamenti climatici, scoprì come l'azione sconsiderata dell'uomo stava minacciando la vita del Pianeta e in quel momento capì di non essere disposta a restare con le mani in mano. Ma come poteva una semplice studentessa come lei fare la differenza? La risposta le giunse dai notiziari e dai giornali, che in quelle settimane raccontavano di Greta Thunberg, un'adolescente svedese, diventata il simbolo della protesta ambientalista e del Fridays For Future, un movimento internazionale di giovani, decisi a lottare in prima persona per sensibilizzare leader mondiali e singoli cittadini alla questione climatica.

E così, mentre Federica informava dai canali social i suoi follower su come condurre un'esistenza più sostenibile, divenne un membro attivo della sezione italiana del Fridays For Future, occupandosi dell'organizzazione italiana del primo sciopero globale del movimento, che il 15 marzo 2019 riuscì a portare in piazza un milione e mezzo di studenti in tutto il mondo per manifestare contro la crisi climatica.

Da allora, non solo è diventata una delle voci più note della protesta italiana ma, decisa a essere parte attiva del cambiamento, nel settembre dello stesso anno Federica è stata tra i cento giovani leader selezionati per partecipare al Vertice dei giovani per il clima indetto dalle Nazioni Unite.

3 GENNAIO 1995

"SARÒ MADRE UN GIORNO, E NON VORREI MAI DIRE AI MIEI FIGLI CHE SONO RIMASTA FERMA A GUARDARE MENTRE AVREI POTUTO FARE QUALCOSA PER CONSEGNARGLI UN MONDO MIGLIORE."
— FEDERICA GASBARRO

ILLUSTRAZIONE DI
FRANCESCA PROTOPAPA

· FEDERICA PELLEGRINI ·

NUOTATRICE

C'era una volta una bambina che non aveva nemmeno un anno quando venne iscritta al suo primo corso di nuoto. Sin da piccola, Federica dimostrò un carattere determinato: se si metteva in testa un obiettivo, lei lo raggiungeva… soprattutto se c'era di mezzo una delle sfide lanciate da papà Roberto. Fu così che si guadagnò le sue prime scarpe con il tacco e l'amata gatta Mafalda.

Unendo il talento in vasca allo spirito di sacrificio, a sedici anni Federica si qualificò per i Giochi Olimpici di Atene, dove si aggiudicò l'argento nei 200 metri stile libero, la sua specialità, diventando la più giovane atleta italiana a salire su un podio individuale olimpico. Ben presto, però, alla gioia per i successi si aggiunse la fatica di ritrovarsi catapultata, così giovane, sotto i riflettori. Quelli che seguirono furono anni difficili, durante i quali Federica, sopraffatta dallo stress, lottò contro un disturbo alimentare che riuscì a sconfiggere grazie al sostegno di mamma Cinzia e di papà Roberto e al desiderio di tornare a eccellere in quello che continuava a essere il suo più grande amore: il nuoto. Federica riprese a vincere, battendo il suo primo record mondiale e conquistando un oro ai Giochi Olimpici di Pechino, rinascendo dopo quel periodo negativo proprio come la fenice, l'uccello mitologico capace di rinascere dalle sue ceneri, e che lei si tatuò sul collo.

In più di quindici anni di carriera eccezionale, Federica si è imposta come regina del nuoto non solo italiano ma internazionale, realizzando 11 record mondiali, partecipando – unica nuotatrice al mondo – a cinque finali olimpiche della stessa prova e collezionando vittorie, riconoscimenti e onorificenze. E dimostrando che, con la giusta determinazione, quella che agli altri può sembrare la fine può rivelarsi un nuovo, strabiliante inizio.

5 AGOSTO 1988

ILLUSTRAZIONE DI
ROBERTA ORIANO

"PER ME L'ACQUA
È VITA. L'ACQUA È UN'AMICA.
L'ACQUA È UNA SFIDA."
— FEDERICA PELLEGRINI

FERNANDA PIVANO

SCRITTRICE E TRADUTTRICE

C'era una volta una bambina molto fortunata perché aveva "una mamma e un papà belli, una nonna bellissima, una casa bella, tutto bello". Dal papà, Fernanda aveva imparato l'amore per i libri e ogni sabato pomeriggio entrava nella grande biblioteca di casa e sceglieva insieme a lui, tra i diecimila volumi presenti, quello da farsi leggere e di cui parlare insieme nel corso della settimana. A dodici anni Fernanda si trasferì a Torino, dove fece incontri che si rivelarono fondamentali per la sua vita. Fu il suo supplente di Lettere, lo scrittore Cesare Pavese, a suggerirle di leggere alcuni scrittori americani all'epoca non ancora tradotti in italiano, certo che la giovane avrebbe apprezzato la loro opera e la loro scrittura.

Le cose andarono così, e la carriera di Fernanda iniziò nel 1943 quando tradusse l'*Antologia di Spoon River* di Edgar Lee Masters. Poi arrivò la traduzione di *Addio alle armi* di Ernest Hemingway, per la quale Fernanda venne interrogata da due ufficiali perché il romanzo era mal visto dal regime fascista. A seguito di quell'esperienza, però, ebbe la grande opportunità di conoscere il celebre scrittore americano che, saputo dell'accaduto, volle incontrare la sua impavida traduttrice. Tra i due nacque un'amicizia, e Fernanda divenne la sua traduttrice ufficiale. Si appassionò così tanto alla letteratura d'oltreoceano e agli ideali di libertà e coraggio che portava avanti, che decise di volare negli Stati Uniti per approfondire le sue conoscenze. Fu grazie a lei, infatti, che in Italia giunsero i romanzi simbolo della cosiddetta *beat generation*, il movimento giovanile che rivoluzionò la cultura americana.

Fernanda continuò a scrivere e tradurre, e affrontò ogni difficoltà senza smettere mai di amare la vita, spinta dalla certezza acquisita nella sua infanzia felice, e cioè che, nonostante tutto, nella vita c'è sempre spazio per il bello.

---

18 LUGLIO 1917 – 18 AGOSTO 2009

ILLUSTRAZIONE DI
ALICE PIAGGIO

"LA LIBERTÀ
È UNA CONQUISTA
STRAORDINARIA
E QUANDO SI OTTIENE
È COME L'ARIA, NON SE
NE PUÒ FARE A MENO…"
— FERNANDA PIVANO

• FIONA MAY •

ATETA

C'era una volta una bambina che, guardando una vecchia videocassetta del papà, scoprì il salto in lungo e decise che, se mai avesse praticato uno sport, sarebbe stato proprio quello. In realtà, Fiona aveva già dimostrato talento per l'atletica e, visto che ogni anno stravinceva sempre la corsa dei 50 yards nelle gare scolastiche, fu incoraggiata a fare un provino per entrare nella società di atletica di Derby, la cittadina inglese in cui viveva.

Di fronte al presidente della società, Fiona corse come un fulmine, ma c'era un problema: lei aveva dieci anni, e l'età minima per iscriversi era undici! Fiona, allora, trascorse l'anno seguente studiando danza e recitazione, e praticando gli sport proposti dalla scuola, ma appena compì gli anni, tornò a reclamare un posto nella società sportiva.

Fiona iniziò ad allenarsi e, nonostante tutti vedessero per lei un futuro da velocista, si orientò verso il salto in lungo, conquistando da subito medaglie prestigiose. Appena diciannovenne si guadagnò la convocazione alle Olimpiadi di Seul e nello stesso anno, durante i Campionati Mondiali juniores, fece un incontro che cambiò la sua vita, sia privata sia professionale: conobbe un atleta italiano per amore del quale, qualche anno dopo, si trasferì in Italia. Acquisita la cittadinanza italiana nel 1994, Fiona proseguì la sua carriera gareggiando con la maglia azzurra.

Campionessa mondiale e olimpica e detentrice di record nel salto in lungo e triplo, Fiona resta una figura di spicco dello sport, capace di ispirare le nuove generazioni di atlete. Mai stanca di nuove sfide, oggi, dopo il ritiro dalle competizioni e dopo aver ceduto simbolicamente il testimone alla figlia Larissa Iapichino, ha intrapreso una nuova carriera nel mondo dello spettacolo e del teatro.

12 DICEMBRE 1969

ILLUSTRAZIONE DI
LIDA ZIRUFFO

"NON BISOGNA
AVERE PAURA
DEL FALLIMENTO:
AIUTA A
IMPARARE."
— FIONA MAY

FIORENZA DE BERNARDI

PILOTA DI LINEA

C'era una volta una bambina abituata a giocare negli hangar degli aeroporti. Fiorenza, infatti, era la figlia di Mario de Bernardi, pioniere dell'aviazione italiana, ed era cresciuta tra gli aerei. Da adolescente si appassionò così tanto alla montagna da sognare di gestire un rifugio alpino, ma a farle cambiare idea fu il primo volo con il padre, che in breve tempo divenne il suo severo quanto eccellente maestro.

Con la pratica arrivò la passione, e dopo qualche mese di addestramento, Fiorenza salì all'insaputa di tutti su un piccolo biposto, volando per la prima volta da sola. L'emozione che provò attraversando il cielo terso di Roma in compagnia di un falco la folgorò a tal punto da convincerla a ottenere il brevetto di pilota.

Negli anni successivi si dedicò a voli sportivi, gare e raduni, girando mezzo mondo con aeroplani di ogni tipo, ma fu nel gennaio del 1967 che fece la storia, diventando la prima donna italiana a svolgere la professione di pilota di linea. Farsi accettare in un mondo fino ad allora prevalentemente maschile non fu facile, però lei seppe affrontare le diffidenze e le battutine dei colleghi con la schiettezza che la contraddistingue, e pretese a tutti i costi di avere una divisa con la gonna, in modo che anche da lontano fosse chiaro che ai comandi c'era una donna.

Con circa 7000 ore di volo alle spalle e ben tre brevetti, Fiorenza è diventata una leggenda per le donne pilota, alle quali ha aperto la strada; e, nonostante abbia dovuto abbandonare la carriera per via di un grave incidente d'auto, ancora oggi, con l'associazione Donne dell'Aria, da lei fondata nel 1979, si impegna per sostenere la presenza femminile in ogni settore dell'aviazione nazionale e internazionale.

22 MAGGIO 1928

ILLUSTRAZIONE DI
MONICA ZANI

"QUANTO MI SONO DIVERTITA
A SFIDARE I PREGIUDIZI!"
— **FIORENZA DE BERNARDI**

FRANCA RAME

ATTRICE E DRAMMATURGA

C'era una volta una bambina che si poteva dire fosse nata sul palco di un teatro. A soli otto giorni dalla nascita, infatti, Franca si ritrovò a interpretare una neonata in braccio a mamma Emilia che recitava nel ruolo di Genoveffa di Brabante. Quell'esperienza così insolita fu solo la prima nel mondo della recitazione, perché Franca, figlia di attori e burattinai, ad appena tre anni iniziò a recitare stabilmente nella compagnia di famiglia e da allora non si fermò mai.

Quello dell'attrice era un mestiere che non aveva scelto, ma Franca era intenzionata a renderlo proprio, usando il palco che aveva sotto i piedi ancor prima di imparare a camminare per affrontare temi per lei importanti, come la giustizia sociale e il femminismo.

A ventun anni lasciò Milano per trasferirsi a Roma e fu lavorando a uno spettacolo che conobbe quello che divenne il suo compagno di lavoro e di vita: l'attore Dario Fo. Tre anni dopo i due si sposarono, creando una famiglia e un sodalizio artistico che durò per cinquant'anni. Insieme, Franca e Dario, che abbracciavano anche gli stessi ideali politici, fondarono una compagnia teatrale e portarono in scena decine di spettacoli.

L'impegno politico, però, costò caro a Franca, che nel 1973 fu rapita e torturata da cinque uomini. Pochi anni dopo quell'atroce abuso, con grande coraggio decise di raccontare pubblicamente la violenza subita: salì su un palco, come faceva da sempre, e descrisse ciò che le era accaduto, riuscendo a trasformare quella sofferenza in denuncia, in un urlo di dolore che non avrebbe potuto rimanere inascoltato.

Così, ancora una volta, la bambina che si era trovata a calcare le scene quasi per caso trasformò il destino che le era toccato in sorte in quello che si era scelto.

18 LUGLIO 1929 – 29 MAGGIO 2013

ILLUSTRAZIONE DI
LETIZIA IANNACCONE

"QUELLO CHE VORREI CONTINUARE A DIRE ALLE DONNE È DI NON PERDERE MAI IL RISPETTO DI SE STESSE, DI AVERE DIGNITÀ."
— FRANCA RAME

• FRANCA VALERI •

ATTRICE, SCENEGGIATRICE E DRAMMATURGA

C'era una volta una bambina dotata di un innato senso dell'umorismo e che sapeva divertire amici e parenti con le sue irriverenti imitazioni. Un giorno il papà le aveva portato da Parigi un magnifico abito di *georgette* fucsia, che Franca indossò per la prima volta al Teatro alla Scala di Milano, dove nacque la sua grande passione per l'opera lirica.

A interrompere quell'esistenza spensierata giunse lo spettro delle leggi razziali con le quali il regime fascista perseguitò i cittadini di origini ebraiche, come il papà di Franca. Quando la situazione peggiorò, Franca restò a Milano con la mamma, mentre il papà e il fratello si rifugiarono in Svizzera per scampare alla deportazione nei campi di concentramento. Furono cinque anni terribili, ai quali Franca sopravvisse grazie al carattere indomito, e quando la Liberazione finalmente giunse portò con sé l'inizio della sua giovinezza e della sua carriera.

Franca, decisa a diventare un'attrice, partì per Roma per frequentare l'Accademia d'Arte Drammatica, dove però non fu ammessa. Questo non le impedì di inseguire il suo sogno e presto iniziò a calcare i palcoscenici, scegliendo il nome d'arte di Franca Valeri, perché il papà, Luigi Norsa, non voleva leggere il proprio cognome sulle locandine degli spettacoli.

A quel debutto seguì il successo in radio, che segnò l'inizio di una lunga carriera. Nei cinquant'anni trascorsi sotto i riflettori, quella bambina "spiritosa di natura" ha creato personaggi indimenticabili come la Signorina Snob, Cesira la manicure e la Sora Cecioni e, con la sua recitazione e la sua scrittura, ha contribuito alla storia del teatro, del cinema e della tv italiana, facendo ridere e riflettere intere generazioni di spettatori.

31 LUGLIO 1920 – 9 AGOSTO 2020

"MI RIBELLO ALL'AFFERMAZIONE CORRENTE CHE SIA UN DONO DI NATURA. LA COMICITÀ È UN LAVORO DI CERVELLO."
— FRANCA VALERI

ILLUSTRAZIONE DI MARTA PANTALEO

FRANCESCA CACCINI

COMPOSITRICE

C'era una volta una bambina dotata di talento per la musica e che aveva avuto la fortuna di nascere in una famiglia in cui quel talento era di casa. Suo padre, sua madre, sua sorella e suo fratello, infatti, erano tutti eccellenti musicisti e non esitarono nel riconoscere la luce di cui risplendeva la piccola Francesca.

Soprano e suonatrice di liuto, clavicembalo e chitarrinetto, Francesca si esibì per la prima volta nel 1604 cantando da solista a Parigi. Il re Enrico IV aveva invitato la famiglia Caccini a esibirsi in occasione del proprio matrimonio e, folgorato dalle doti di Francesca, chiese che la diciassettenne restasse in Francia a suonare e cantare per i reali. Ma il Granduca di Toscana rifiutò di dare il suo consenso perché voleva che la giovane continuasse a brillare in terra natia, e così Giulio Caccini riportò la famiglia a Firenze, dove Francesca continuò a lungo a suonare per la casata dei Medici.

Negli anni a seguire, Francesca affinò le proprie capacità e per volontà paterna affiancò allo studio della musica anche quello delle lettere e delle lingue. Nel 1615 debuttò con la prima opera da lei composta, il *Ballo delle zigane*, e ben presto divenne nota non solo come la prima donna compositrice, ma anche come una delle artiste più acclamate del Rinascimento.

Non paga dei successi che si susseguivano l'uno dopo l'altro, Cecchina fondò una scuola di canto, nella quale mise a disposizione delle sue discepole le sue conoscenze e il suo talento.

Rimasta vedova per due volte, a cinquantaquattro anni decise di ritirarsi dalle scene, e di lei si persero le tracce. Ma l'eco della sua musica e della sua genialità risuona ancora nel mondo.

1587 – 1640

ILLUSTRAZIONE DI
GIULIA PIRAS

"IL DESIDERIO DI STUDIARE VALE PIÙ
D'OGNI TESORO E D'OGNI GRANDEZZA."
— FRANCESCA CACCINI

• FUMETTIBRUTTI •

FUMETTISTA

C'era una volta una bambina che, quando andava a messa assieme a sua madre e ai suoi fratelli, restava inginocchiata sulle panche a disegnare fiabe. Josephine Yole Signorelli, questo era il suo nome, era nata a Catania in una famiglia numerosa e unita, nella quale ci si capiva e ci si proteggeva a vicenda. Aveva lunghi capelli biondi di cui andava orgogliosa e che la nonna amava pettinarle. Leggeva tanto e aveva una predilezione per i fumetti e i manga, che divorava, perché raccontavano anche le cose più dolorose e drammatiche in modo lieve e dolce, senza spaventare chi le leggeva.

Pur amando scrivere, era con il disegno che Yole riusciva a capirsi e a raccontarsi, e a rendere più bello ogni aspetto della vita, anche il più triste, fermandolo sulla carta. Perciò, alle scuole medie, decise che l'arte sarebbe stata la sua strada, e negli anni seguenti mise alla prova il suo talento nella splendida cornice del palazzo ottocentesco che ospitava l'Istituto d'arte di Catania. A Yole servì tempo per capire quale fosse la sua modalità d'espressione, e studiando le tecniche del disegno all'Accademia di Belle Arti capì che le storie che desiderava raccontare erano troppo forti e urgenti per essere rappresentate con tratti perfetti e curati. Così si trasferì a Bologna per seguire un corso di specializzazione in Linguaggi del fumetto, e nel frattempo iniziò a postare sui social i suoi fumetti, dall'inconfondibile tratto istintivo, sotto lo pseudonimo di Fumettibrutti.

La sua fama crebbe velocemente perché tantissimi lettori, ma soprattutto lettrici, si ritrovavano nelle sue storie, e quando una casa editrice le propose di pubblicare una storia a fumetti, Yole decise ancora una volta di parlare della sua vita, delle difficoltà, degli inciampi e di che cosa avesse significato per lei crescere, riuscendo a raccontare con naturalezza e profondità la donna che aveva scelto di essere.

10 DICEMBRE 1991

ILLUSTRAZIONE DI
LIDA ZIRUFFO

"LA COSA BELLA DI CRESCERE
È CHE NON SI SMETTE MAI
DI IMPARARE."
— FUMETTIBRUTTI

· GAE AULENTI ·

ARCHITETTA E DESIGNER

C'era una volta una bambina di nome Gae, che capì cosa voleva fare nella vita osservando quanto le era stato tolto. I bombardamenti della Seconda guerra mondiale, infatti, avevano raso al suolo la sua città, ma di fronte alle macerie lei non si lasciò abbattere e decise che la sua missione sarebbe stata quella di costruire.

Per riuscire nell'intento, Gae s'iscrisse al Politecnico di Milano, e poco le importò che all'epoca l'architettura fosse considerata una disciplina prettamente maschile: avrebbe studiato con impegno e sarebbe diventata talmente brava da fare ricredere tutti.

Nel 1980 Gae si trovò davanti a una grandissima opportunità: trasformare in un museo la Gare d'Orsay, una storica stazione ferroviaria parigina ormai in disuso. Fu un lavoro impegnativo e prestigioso, che durò sei anni e portò alla nascita del Museo d'Orsay, un capolavoro di architettura che ancora oggi accoglie ogni giorno migliaia di turisti e appassionati d'arte.

Ma il talento e la curiosità di Gae non si esaurivano nella progettazione di edifici, e ben presto all'architettura si affiancarono anche la scenografia teatrale e il design. Come progettista, Gae si divertì a sperimentare e a combinare insieme elementi apparentemente lontani tra loro, dando vita a oggetti entrati ormai nella storia, come per esempio il tavolo di vetro che ha ruote di bicicletta al posto di comuni gambe.

Gae dedicò la vita a creare e costruire palazzi e oggetti, dimostrando a tutti che l'architettura e il design erano il suo talento. Il nome di quella bambina che aveva visto la propria città distrutta divenne celebre in tutto il mondo e ora campeggia su una delle piazze più belle di Milano.

4 DICEMBRE 1927 – 31 OTTOBRE 2012

"SPESSO È PIÙ UTILE VEDERE POCO PER INDOVINARE MOLTO, PER IMMAGINARE: SE NON VEDI I LIMITI DI UNA STANZA IN PENOMBRA, LA PUOI IMMAGINARE E SENTIRE MOLTO PIÙ GRANDE."
— GAE AULENTI

ILLUSTRAZIONE DI
GIULIA VETRI

· GIADA ZHANG ·

IMPRENDITRICE

C'era una volta una bambina che viveva in un mondo diviso tra due culture, ma non sentiva di appartenere a nessuna delle due. Giada era nata a Cremona da genitori cinesi e aveva trascorso i primi anni di vita in Cina con i nonni, mentre la mamma e il papà portavano avanti il ristorante che avevano aperto in Italia. Quando si ricongiunse con loro Giada si ritrovò spaesata: era una bambina cinese che non capiva i compagni d'asilo e si sentiva diversa.

Decisa a imparare bene l'italiano, alle elementari Giada divenne inseparabile dal dizionario, che consultava per cercare di conoscere sempre più parole. Concluse il suo percorso di studi con ottimi voti e nel frattempo seguiva corsi delle discipline più disparate. Quando ebbe l'occasione di frequentare il quarto anno di liceo a New York, non esitò a partire, ritrovandosi in una società multietnica che per la prima volta le fece apprezzare il valore della diversità data dalle sue origini. Tornata a casa in Italia, Giada decise di frequentare la facoltà di Economia, affiancando allo studio periodi di lavoro all'estero in aziende multinazionali. Abbracciò la sua diversità e la rese un punto di forza: unì le sue due culture creando piatti pronti autentici delle sue origini asiatiche, ma con ingredienti italiani, da vendere nei supermercati e non solo. Oggi Giada è l'amministratrice delegata di quell'azienda, che nel nome cita Mulan, la protagonista del cartone animato che i suoi genitori le fecero vedere da bambina incoraggiandola a essere come lei: una ragazza determinata e libera dagli stereotipi di genere imposti dalla società.

Inserita dalla rivista "Forbes" tra i trenta giovani imprenditori europei del domani, Giada ha fondato anche Women in Finance, un'associazione che supporta e incoraggia le giovani donne che si affacciano nel settore della finanza.

22 MAGGIO 1995

ILLUSTRAZIONE DI
GIULIA PIRAS

"NON PUOI DECIDERE
DOVE NASCERE,
MA DOVE ARRIVARE SÌ."
— GIADA ZHANG

GIANNA NANNINI

CANTAUTRICE

C'era una volta una bambina che faceva sempre quello che le pareva e che non era disposta ad accettare compromessi. Il nonno era il fondatore della prima pasticceria di Siena e il papà, seguendo le sue orme, era diventato un famoso imprenditore dolciario. Gianna, però, sentiva che quella non era la sua strada e così, dopo aver tentato di assecondare le aspettative dei genitori che la volevano coinvolgere nell'attività di famiglia, scelse di scrivere da sola la propria storia.

E lo fece salendo su una motocicletta alla volta di Milano. Gianna aveva diciannove anni e anche se la sfrontatezza e la sicurezza non le mancavano, ancora non sapeva come avrebbe potuto trasformare in un lavoro i suoi talenti. Aveva, infatti, una voce molto particolare, roca e profonda, aveva studiato al conservatorio e sapeva suonare il pianoforte, il violino e la chitarra elettrica. Iniziò a presentarsi alle case discografiche, ma non ottenne risultati positivi, perché all'epoca in Italia il suo stile energico e grintoso era insolito per una donna.

Tutto cambiò quando s'imbatté in Mara Maionchi, una discografica che apprezzò immediatamente non solo le sue caratteristiche vocali ma anche il suo carattere forte e deciso, al punto da offrirle un contratto.

Nel 1976 Gianna incise il suo primo disco, nel quale si mostrò subito al pubblico per quella che era: una cantautrice con una personalità unica, determinata a non tradire la sua essenza e a scrivere e cantare solo canzoni che la rappresentassero.

Il successo non si fece attendere e disco dopo disco Gianna si affermò nel panorama della musica italiana e internazionale. Con il suo modo grintoso di porsi e i suoi testi irriverenti offrì alle ragazze un modello di donna alternativo rispetto a quello imperante, in cui riconoscersi e a cui ispirarsi.

14 GIUGNO 1954

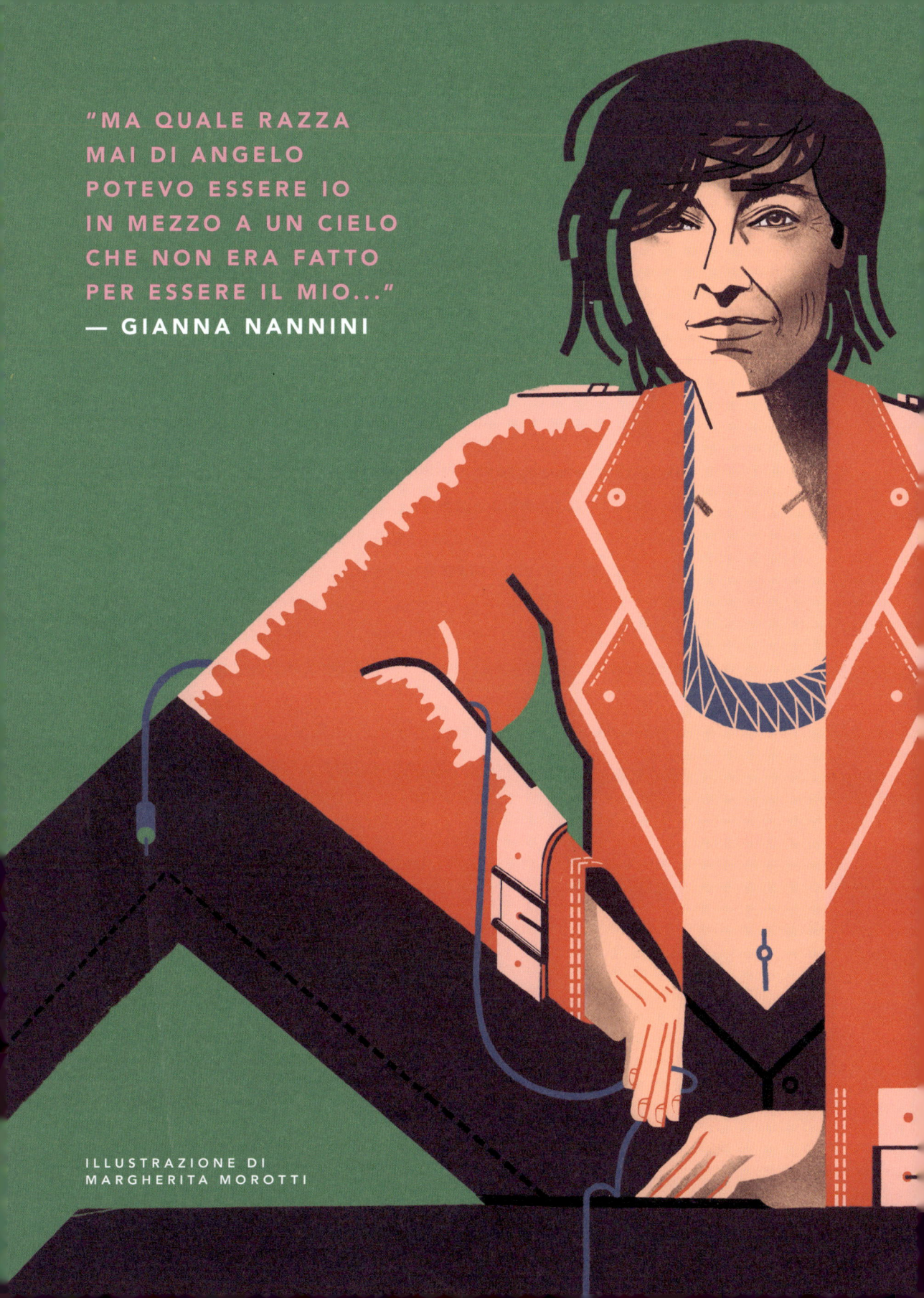

"MA QUALE RAZZA MAI DI ANGELO POTEVO ESSERE IO IN MEZZO A UN CIELO CHE NON ERA FATTO PER ESSERE IL MIO..."
— GIANNA NANNINI

ILLUSTRAZIONE DI MARGHERITA MOROTTI

• GIANNA VITALI •

LIBRAIA

C'era una volta una bambina dal carattere ironico e dalle idee chiare. Si chiamava Gianna ed era nata a Lecco. A ventotto anni fece un incontro che le cambiò la vita, perché le permise di mettere a fuoco e di dare forma a un progetto innovativo e importante. Nel 1971, infatti, Gianna si trovava a Ulan Bator per un viaggio con alcuni amici e fu lì, nella capitale della Mongolia, che incontrò un uomo di nome Roberto Denti, con il quale provò fin da subito una sintonia profonda.

Gianna e Roberto, distanti migliaia di chilometri da casa e immersi in una realtà lontanissima dalla loro, iniziarono a parlare di libri, viaggi e storie, scoprendo di avere davvero tanto in comune e che tra di loro poteva esserci molto di più che un'amicizia. Chiacchierando, presero a fantasticare su che cosa avrebbero potuto fare insieme una volta tornati in Italia, e immaginarono una libreria che non fosse però come quelle già esistenti, ma dedicata esclusivamente ai più piccoli.

Gianna era convinta che il cambiamento e il miglioramento della società fossero possibili solo partendo dall'educazione delle nuove generazioni, e che quindi a ragazzine e ragazzini bisognasse offrire sempre più stimoli culturali e luoghi di condivisione. Così, nel 1972, assieme a Roberto aprì a Milano La Libreria dei Ragazzi, uno spazio speciale nel quale i lettori più giovani potessero trovare tanti titoli adatti alla loro età e avessero l'opportunità di partecipare a incontri, mostre e presentazioni fatte su misura per loro.

Grazie all'impegno dei due fondatori, quel luogo mai pensato da nessun altro prima divenne un punto di riferimento nel mondo della letteratura per ragazzi. A loro è dedicato il Premio Andersen - Il mondo dell'infanzia per la migliore libreria per ragazzi, per non dimenticare Gianna, Roberto e il loro sogno.

1 LUGLIO 1943 – 13 GENNAIO 2016

LA LIBRERIA DEI RAGAZZI

"BISOGNAVA COMINCIARE A CAMBIARE IL MONDO DA QUALCHE PARTE, E QUELLA PARTE NON POTEVA CHE ESSERE QUELLA DEI BAMBINI."
— GIANNA VITALI

ILLUSTRAZIONE DI
ILARIA ZANELLATO

· GIULIA LAMARCA ·

PSICOLOGA E TRAVEL BLOGGER

C'era una volta una bambina capace di sorridere anche nei momenti più tristi. Spensierata e caparbia, Giulia amava così tanto gli sport da coltivare il sogno di diventare un'istruttrice di tennis per bambini.

All'età di diciannove anni, però, rimase coinvolta in un incidente in moto e, riaprendo gli occhi in ospedale, scoprì di avere perso l'uso delle gambe. Durante il lungo ricovero che seguì, Giulia lavorò sodo per prepararsi alla sua nuova vita, imparando a usare la carrozzina e capendo che la disabilità non era un'etichetta che diceva tutto di lei, ma solo una delle caratteristiche che la definivano. Fu con questa consapevolezza che, nove mesi dopo l'incidente, Giulia uscì dall'ospedale decisa a scoprire quale fosse il suo posto nel mondo. La risposta arrivò presto, a bordo di un aeroplano diretto in Australia: il suo posto nel mondo era... il mondo!

Meta dopo meta, la passione per i viaggi crebbe sempre di più, e Giulia decise che non avrebbe permesso a nessun ostacolo di frapporsi tra lei e il senso di libertà che provava scoprendo un Paese nuovo.

Viaggiare a bordo di una carrozzina non è mai stato semplice, ma grazie ad audacia e perseveranza, e al supporto di Andrea, suo compagno di vita e di viaggio, da quel primo volo Giulia è riuscita a visitare ben ventinove Paesi sparsi nei cinque continenti, salendo perfino in cima al Machu Picchu.

Raccontando le sue avventure in un blog, Giulia si è affermata come punto di riferimento per tutti i viaggiatori, anche per quelli con disabilità, che, contagiati dalla sua voglia di vivere, trovano nei suoi reportage numerosi consigli e nel suo sorriso e nel suo entusiasmo la certezza di poter raggiungere gli stessi obiettivi.

27 OTTOBRE 1991

"IO NON SONO
IL MIO LIMITE,
SONO QUELL'OLTRE."
— GIULIA LAMARCA

ILLUSTRAZIONE DI
CAMILLA GAROFANO

GIULIETTA MASINA

ATTRICE

C'era una volta una bambina con un carattere che il suo papà definiva mutevole come i cieli di una città di mare in cui si possono alternare vento, nuvole, pioggia e sole nel giro di pochi minuti.

Giulia Anna, che tutti chiamavano Giulietta, era nata in una famiglia di modeste condizioni, ma la mamma, maestra, e il papà, violinista, avevano sempre cercato di non far mancare nulla né a lei né ai suoi fratelli. Tuttavia, quando una ricca zia romana rimasta vedova propose di prendere con sé la piccola Giulietta per avere un po' di compagnia, i due accettarono, certi che quest'opportunità avrebbe significato per la figlia una vita migliore. Così, a quattro anni, Giulietta lasciò la provincia di Bologna e si trasferì nella capitale.

Fu durante gli anni del liceo a Roma che emerse la sua inclinazione per la recitazione: iniziò, infatti, a partecipare agli spettacoli della scuola, e quando divenne una studentessa della facoltà di Lettere prese parte a quelli organizzati dal teatro universitario.

Le prime scritture non si fecero attendere, e fu mentre registrava una puntata dello sceneggiato radiofonico *Le avventure di Cico e Pallina* che Giulietta conobbe quello che sarebbe diventato il suo compagno di vita: il regista Federico Fellini.

Giulietta divenne una delle attrici più acclamate al mondo e recitò in moltissimi film, tra cui *Le notti di Cabiria*, che vinse il Premio Oscar come Miglior Film Straniero nel 1958. A ritirare il prestigiosissimo premio fu proprio lei, che era stata in grado, con la sua interpretazione magistrale, di entrare nel cuore di milioni di persone.

22 FEBBRAIO 1921 – 23 MARZO 1994

ILLUSTRAZIONE DI
CLAUDIA PALMARUCCI

"MA POI VIENE IL MOMENTO D'ESSER FELICI PER TUTTI."
— GIULIETTA MASINA

· GIUSI NICOLINI ·

ATTIVISTA E POLITICA

C'era una volta una bambina che viveva libera e felice tra le strade e le spiagge assolate di Lampedusa. Crescendo, Giusi sviluppò un'avversione per gli speculatori edilizi e le organizzazioni criminali che per guadagnare soldi cercavano di seppellire sotto il cemento le coste di quell'isoletta tra Europa e Africa.

Terminati gli studi, divenne direttrice della riserva naturale di Lampedusa e si batté affinché le bellezze naturali dell'isola non venissero distrutte dal turismo di massa e le tartarughe potessero tornare ogni anno a deporre lì le loro uova. Da allora la sua vita fu costellata di minacce, ma lei non si lasciò intimidire e anzi ampliò il raggio delle sue battaglie, occupandosi del problema dei rifugiati africani che approdano sulle coste di Lampedusa per sfuggire alla fame e alla guerra.

E così, come si era presa cura della sua terra da ambientalista, Giusi decise di continuare a farlo anche da politica, candidandosi come sindaca e promuovendo una cultura dell'accoglienza. Lavorò sodo per offrire condizioni migliori ai rifugiati ospitati nel centro di accoglienza dell'isola e diede voce alle loro tragedie, portando all'attenzione mondiale le condizioni inumane in cui viaggiano e si ritrovano a vivere. Ancora una volta le minacce non mancarono, e sui relitti dei barconi abbandonati dopo i naufragi dei migranti comparvero scritte d'odio contro Giusi, ma lei non si arrese e dimostrò un coraggio e una determinazione che le valsero elogi da tutto il mondo.

Pur avendo terminato il suo mandato da sindaca, oggi è ancora impegnata per il riconoscimento dei diritti dei migranti e per la promozione di una convivenza civile tra loro e i cittadini europei, e si batte instancabilmente affinché le quotidiane stragi in mare diventino solo un triste ricordo del passato.

5 MARZO 1961

ILLUSTRAZIONE DI
MARTA SIGNORI

"ARRENDERMI NON
È NELLA MIA INDOLE.
HO PRESO DA MIO
PADRE FABBRO,
MI INSEGNÒ A
NON CEDERE MAI."
— GIUSI NICOLINI

GRAZIA DELEDDA

SCRITTRICE

C'era una volta una bambina che amava le storie. Ne trovava ovunque: nei libri che leggeva voracemente, ma anche nelle fiabe raccontate dai domestici di casa e nei canti dei pastori della sua Sardegna. Quelle che più amava, però, le scovava nella natura rigogliosa che la circondava, tanto che a volte le pareva che la sua terra le chiedesse di darle una voce. «Lo farò!» decise Grazia quando aveva tredici anni. «Diventerò una scrittrice famosa, e le mie storie sarde avvicineranno quest'isola al mondo che ora sembra così lontano!»

Ma all'epoca il mestiere della scrittrice era considerato scandaloso per una donna, che secondo i più avrebbe dovuto dedicare la vita esclusivamente al marito e ai figli. Così, quando a Nuoro si sparse la voce che quella ragazzina timida e minuta si era messa a scrivere versi e novelle, persino gli sconosciuti iniziarono a prenderla in giro, prevedendo per lei un futuro disastroso. Ma Grazia, selvaggia e testarda come la natura della sua isola, non aveva alcuna intenzione di arrendersi e decise che un giorno avrebbe fatto come le rondini e sarebbe migrata. Invece di sorvolare il deserto avrebbe solcato il mare per raggiungere Roma. E nell'attesa della partenza, a compiere quel viaggio sarebbero stati i suoi manoscritti, inviati agli editori con i soldi che racimolava vendendo di nascosto l'olio e il vino che rubava in casa.

Era il 1900 quando Grazia, infine, volò nella capitale dove costruì il nido in cui coltivare il sogno di diventare scrittrice, circondata dall'amore del marito Palmiro e dei loro figli. Non tornò mai più in Sardegna, ma continuò a far vivere quella terra amata e odiata in ogni romanzo, conquistando con le sue storie migliaia di lettori in tutto il mondo. Fino a quando, nel 1926, vinse il Premio Nobel per la letteratura, a oggi prima e unica donna italiana a essere stata insignita di questo prestigioso riconoscimento.

28 SETTEMBRE 1871 – 16 AGOSTO 1936

ILLUSTRAZIONE DI
FLAVIA SORRENTINO

"SONO PICCINA PICCINA […] MA SONO ARDITA E CORAGGIOSA COME UN GIGANTE."
— GRAZIA DELEDDA

GRAZIA NIDASIO

ILLUSTRATRICE E FUMETTISTA

C'era una volta una bambina discreta e riservata che non amava fare rumore, ma piuttosto preferiva osservare il mondo che la circondava per trasformarlo, grazie alla sua straordinaria fantasia, in qualcosa di speciale. Per fare un esempio, guardando una scolaresca ammassata su un vaporetto a Venezia le poteva saltare in mente un colorato mazzo di rapanelli!

Crescendo, Grazia decise di coltivare questa dote e frequentò prima il liceo artistico e poi la prestigiosissima Accademia di Brera, in cui imparò a trasformare in disegno ciò che l'immaginazione le suggeriva.

Ben presto iniziò a collaborare come disegnatrice e redattrice al "Corriere dei Piccoli", il primo settimanale a fumetti in Italia, ma fu nel 1969 che creò uno dei suoi personaggi più noti: Valentina Mela Verde. In quegli anni si respirava aria di cambiamento e, mentre le donne di tutto il mondo lottavano per far sentire la loro voce, Grazia diede vita al personaggio di una ragazzina, Valentina Morandini, che in forma di diario raccontava le proprie giornate e le difficoltà dell'adolescenza. Quello di Valentina era un mondo semplice, fatto di genitori, amici e scuola, comune a quello di molte giovani lettrici, che proprio per questo si sentirono coinvolte e si appassionarono alle storie di quella ragazzina lentigginosa. Da quel fumetto, poi, ne nacque un altro di altrettanto successo: Stefi. Sorella minore di Valentina, Stefi era una bambina arguta e pungente, che sapeva guardare al mondo degli adulti con ironia, e di cui il giovane pubblico non poté che innamorarsi.

I personaggi creati da Grazia, così, non solo entrarono nel cuore di generazioni di lettori, ma rivoluzionarono anche il fumetto italiano, mostrando come fosse possibile narrare in modo avvincente la quotidianità di ragazzi comuni.

9 FEBBRAIO 1931 – 25 DICEMBRE 2018

ILLUSTRAZIONE DI
GIULIA TOMAI

"MI INTERESSA SOLO IL FUTURO
E CI VADO A CAPOFITTO."
— GRAZIA NIDASIO

· GRETA BERARDI ·

ATTIVISTA

C'era una volta una bambina convinta che tutti ce l'avessero con lei. Perché i suoi genitori le negavano gli amati vestiti rosa? E perché a scuola non poteva indossare il grembiule da bambina, ma doveva accontentarsi di quello dei bambini? Sebbene fosse nata in un corpo maschile, infatti, lei era certa di essere femmina, ma quando lo diceva tutti pensavano scherzasse. Gli anni delle elementari per lei furono durissimi, perché si sentiva sola ed emarginata, ma la sua certezza non vacillò: il corpo in cui era nata non corrispondeva alla sua identità e doveva far sì che chi le stava attorno lo capisse e lo accettasse. Ma come rivelare una sensazione così complessa? In suo aiuto arrivò papà Luigi, che, avendo notato la sua tristezza, la incoraggiò a confidarsi. Mamma Cinzia, poi, le spiegò che non doveva sentirsi sola e che erano tante le persone, come lei, a vivere la "incongruenza di genere", cioè a riconoscersi in un'identità di genere diversa rispetto a quella assegnata alla nascita in base al sesso biologico.

Aprirsi totalmente con i genitori fu il primo passo di un percorso che iniziò con l'addio al nome maschile che le era stato imposto e la scelta di quello che l'avrebbe accompagnata per la vita: Greta. Quello successivo sarebbe stato presentarsi al mondo come la ragazzina che era, pretendendo di essere chiamata e rispettata come tale. Greta affrontò questo passaggio con un coraggio e una determinazione così grandi da richiamare l'attenzione di stampa e televisione, diventando assieme ai suoi genitori un simbolo della lotta delle giovani e dei giovani come lei per affermare il loro genere, i loro bisogni e i loro diritti.

La strada è ancora lunga e impervia ma, forte del sostegno dei suoi genitori e del supporto dei medici, Greta sa che un giorno il suo corpo corrisponderà alla sua identità, rendendola una donna felice.

16 AGOSTO 2006

ILLUSTRAZIONE DI
VERONICA CARATELLO

"VOGLIO LA MIA VITA E VOGLIO LA MIA IDENTITÀ."
— GRETA BERARDI

• HANNAH •

STUDENTESSA

C'era una volta una bambina felice che viveva con la mamma. Hannah era nata in Nigeria e trascorreva le giornate giocando e guardando la tv con l'adorata cugina, oppure aiutando la mamma nel ristorantino ricavato sul patio di casa. Tra le sue passioni c'era anche lo studio, ma due lutti inaspettati stravolsero la sua vita quando aveva solo dodici anni. Nel giro di pochi mesi, infatti, morirono la cugina e la madre, e lei si ritrovò con il cuore a pezzi e senza una casa.

Pur non avendo mai vissuto con il padre per lunghi periodi, Hannah andò a stare da lui e provò a contribuire all'economia familiare come meglio poteva dando lezioni private. Purtroppo la convivenza non andò nel migliore dei modi e, rimasta senza un posto dove stare e senza aiuto, decise di seguire il consiglio di un ragazzo conosciuto da poco e mettersi in viaggio per arrivare in Europa, inseguendo il miraggio di un lavoro.

Ma la promessa a cui Hannah aveva creduto si dimostrò una menzogna: il giovane a cui si era affidata l'aveva in realtà venduta ai trafficanti di esseri umani, e il viaggio che sarebbe dovuto durare poche settimane si protrasse per due anni. In Libia venne tenuta prigioniera e subì violenze, maltrattamenti e abusi che ancora oggi tormentano le sue notti impedendole di dormire.

Solo il 27 maggio 2018 Hannah riuscì a sbarcare in Sicilia e una volta trasferitasi a Catania iniziò a frequentare CivicoZero, uno dei centri creati da Save the Children per aiutare i giovani migranti giunti da soli in Italia.

Da allora studia con profitto e scrive poesie, sognando di diventare una scrittrice e raccontare la sua storia, per essere così di aiuto alle ragazze che, come lei, pensano di intraprendere il suo stesso viaggio.

16 FEBBRAIO 2001

"NON SAI QUALCOSA FINCHÉ
NON LO INSEGNI A QUALCUNO."
— HANNAH

ILLUSTRAZIONE DI
NINAMASINA

IGIABA SCEGO

SCRITTRICE

C'era una volta una bambina che amava ascoltare le fiabe che le raccontava la mamma, nonostante la facessero tremare come una foglia. Erano racconti senza principesse né castelli, che dipingevano una realtà lontana da quella che Igiaba conosceva, ma che ugualmente le apparteneva. Anni prima, infatti, a causa della dittatura di Siad Barre, i suoi genitori erano fuggiti da Mogadiscio, la capitale della Somalia, e per questo Igiaba, nata e cresciuta a Roma, conosceva quel Paese solo attraverso i racconti dei genitori e dei fratelli maggiori.

Sin dalla più tenera età, si rese conto di non appartenere né all'Italia né alla Somalia e di doversi costruire un'identità che comprendesse tanto la storia della sua famiglia e del suo Paese di origine, quanto le sue esperienze di ragazzina nata e cresciuta in Italia, dove non avere la pelle bianca significava spesso essere considerata straniera.

Divenuta grande, Igiaba decise di studiare Letterature Straniere e di dedicarsi alla scrittura, concentrandosi sul tema delle migrazioni, del dialogo tra culture diverse e sulla storia del colonialismo italiano. Nel 2003 esordì con il suo primo romanzo dal titolo *La nomade che amava Alfred Hitchcock*, nel quale raccontò la storia di sua madre dall'infanzia in Somalia fino alla ricerca di un luogo in cui vivere in pace. Da allora ha cercato di puntare l'attenzione sui crimini spesso taciuti dell'Italia coloniale e ha continuato a dare voce alle persone che si trovano a cavallo tra due culture e che talvolta non vengono considerate cittadine con pieni diritti nel Paese in cui vivono. Molti figli di migranti che sono in Italia da anni spesso non riescono a ottenere la cittadinanza a causa di leggi incapaci di rispondere alle esigenze della società, e Igiaba ha scelto così di mostrare, attraverso la sua scrittura, quale enorme ricchezza possa essere invece la transculturalità.

20 MARZO 1974

"IO SONO
QUELLA CHE SONO
PER EFFETTO
DELLA FUSIONE
TRA DUE MONDI."
— IGIABA SCEGO

ILLUSTRAZIONE DI
FLAVIA SORRENTINO

· ILARIA ALPI ·

GIORNALISTA

C'era una volta una bambina che già dall'infanzia possedeva tutte quelle qualità che l'avrebbero resa un'adulta coraggiosa e ostinata. Ilaria era nata a Roma ed era l'unica figlia di Giorgio e Luciana, da cui aveva appreso la tenacia e l'importanza della verità. La sua mamma amava descriverla come «una bambina di carattere, tosta, molto sensibile, curiosa, che voleva imparare, ma che aveva anche idee chiare». E di questa sua attitudine alla scoperta diede prova quando decise di studiare le lingue orientali e si laureò con il massimo dei voti in Lingua e Letteratura Araba.

Era così affascinata dalla cultura e dalle tradizioni dei Paesi mediorientali che il suo sogno divenne quello di raccontare questi luoghi in qualità di reporter. Nel 1990 Ilaria vinse il concorso che le permise di diventare giornalista della Rai e, dopo aver collaborato con diverse trasmissioni, divenne inviata del telegiornale di Rai3. Nel 1992 si recò per la prima volta a Mogadiscio, in Somalia, per seguire una missione di pace delle Nazioni Unite.

A quel primo viaggio ne seguirono altri, e Ilaria divenne sempre più esperta della difficile situazione che stava vivendo quello Stato dell'Africa orientale. In particolare, iniziò a investigare su un traffico di rifiuti tossici che vedeva coinvolti diversi Paesi. Fu proprio mentre cercava di recuperare informazioni e di fare luce su quanto stava accadendo che rimase vittima di un attentato assieme a Miran Hrovatin, l'operatore che la accompagnava nell'indagine. Ilaria e Miran morirono nel tentativo di fare bene il proprio lavoro.

A distanza di molti anni il nome del mandante di quel duplice omicidio è ancora sconosciuto, ma quello di Ilaria è e sarà sempre legato alla ricerca della verità.

24 MAGGIO 1961 – 20 MARZO 1994

ILLUSTRAZIONE DI
CARLA MANEA

"È IL MIO LAVORO
E DEVO ACCETTARNE I RISCHI."
— ILARIA ALPI

• INGE SCHÖNTHAL FELTRINELLI •

EDITRICE E FOTOGRAFA

C'era una volta una bambina «vivace, allegra, incredibilmente curiosa e dotata di una buona dose di faccia tosta».

Era nata in Germania e crescendo vide cambiare il mondo intorno a lei per l'ascesa al potere di Hitler. Il papà di Inge era ebreo e, non appena fu possibile, lasciò l'Europa per cercare rifugio in America. Rimasta sola, sua madre iniziò una relazione con un ufficiale tedesco, che fece di tutto per proteggere Inge dai pericoli che correva per il solo fatto di essere figlia di un ebreo. Le diede il suo cognome e così la piccola condusse una vita ben diversa da quella dei suoi coetanei ebrei. «Potevo avere lo stesso destino di Anna Frank che era della mia stessa generazione» ammise, riflettendo sulla sua infanzia.

Inge era troppo curiosa e desiderosa di vivere per accontentarsi di una piccola città, così a vent'anni raggiunse Amburgo in autostop e iniziò a lavorare come assistente di una fotografa. Determinata a non lasciarsi sfuggire nessuna occasione, dopo un anno si imbarcò su una nave cargo diretta in America. Qui diede prova del suo grande talento come fotografa, riuscendo a immortalare personaggi più o meno noti, come lo scrittore Ernest Hemingway, e a consegnare al mondo un'immagine indelebile di loro.

La sua vita, però, era destinata a cambiare nuovamente dopo l'incontro, nel 1958, con l'editore Giangiacomo Feltrinelli, che sposò. Quando lui mancò, Inge si mise alla guida della casa editrice. Le sue intuizioni e il suo fiuto permisero a quell'importante realtà editoriale di crescere e di annoverare nel proprio catalogo i testi di numerosi tra i più apprezzati e talentuosi scrittori di tutto il mondo. E ben presto quella bambina troppo curiosa, grazie alla sua dedizione e alla sua passione, fu soprannominata "la regina dell'editoria".

24 NOVEMBRE 1930 – 20 SETTEMBRE 2018

"I LIBRI SONO TUTTO. I LIBRI SONO LA VITA."
— INGE SCHÖNTHAL FELTRINELLI

ILLUSTRAZIONE DI
ALESSANDRA DE CRISTOFARO

• IRENE FACHERIS •

ATTIVISTA E FORMATRICE

C'era una volta una bambina che voleva difendere le altre persone perché era certa che farlo fosse la cosa più giusta. Lo aveva capito quando alle elementari, durante l'intervallo, aveva visto un bullo prendersela con una compagna ed era intervenuta per proteggere quella ragazzina più minuta di lei. Pur essendo finita a terra per un pugno, da quell'episodio Irene non imparò a non intromettersi e a pensare prima a se stessa, ma al contrario comprese quanto fosse importante aiutare chi è più debole.

Crescendo, non smise mai di provare una grande rabbia ogni volta che si trovava davanti a un'ingiustizia, e non provò mai a far tacere la voce che le diceva di intervenire. Nel 2010 iniziò a lavorare come formatrice, offrendo consulenza alle aziende con l'obiettivo di aiutare il personale a creare un ambiente lavorativo più sereno, e nel 2014 fondò Bossy, un'associazione no profit che si occupa di fare divulgazione su temi come le discriminazioni e la disuguaglianza, cercando di sensibilizzare le nuove generazioni all'importanza della parità.

Due anni dopo diede vita a una rubrica su YouTube dal titolo "Parità in pillole" che cambiò la sua vita e quella di migliaia di utenti, ragazzi e ragazze che seguendo i suoi video ebbero modo di confrontarsi su temi di cui non sempre sapevano con chi parlare, e di crescere insieme a una giovane donna che cercava di migliorarsi. Femminismo, molestie, identità di genere… sono solo alcuni degli argomenti che Irene ha affrontato nelle 150 puntate della sua rubrica, che nel 2020 è diventata un libro.

Nello stesso anno ha avviato "Palinsesto femminista", una serie di live su Instagram in cui ha dato voce a persone che offrivano punti di vista inediti su argomenti d'interesse sociale, e non ha alcuna intenzione di fermarsi.

23 NOVEMBRE 1989

ILLUSTRAZIONE DI
NINAMASINA

"CREIAMO CULTURA
INSIEME."
— IRENE FACHERIS

• IRMA TESTA •

PUGILE

C'era una volta una bambina che sognava di essere una farfalla. Irma era nata a Torre Annunziata, un comune in provincia di Napoli, in cui c'erano tante difficoltà sociali. Lì viveva insicura e insoddisfatta, con una grande voglia di libertà che non sapeva come placare.

Tutto, nella sua vita, le stava stretto: la scuola, fatta di regole e orari, e la realtà sociale che la circondava, in cui spesso le ragazzine come lei si ritrovavano a essere mamme troppo presto, mentre i loro coetanei cedevano al richiamo dell'illegalità. Irma, però, desiderava qualcosa di diverso e un giorno decise di seguire la sorella Lulù alla palestra Boxe Vesuviana, dove si praticava il pugilato. All'inizio Irma non capiva che cosa ci trovasse di bello Lulù in quello sport, ma tutto cambiò il giorno in cui salì sul grande ring blu e, durante il suo primo combattimento, ebbe come l'impressione di volare. Muovendosi agile, schivando colpi e assestandone di ben piazzati, Irma capì che sarebbe stata la boxe a darle le ali che tanto sognava, e per la prima volta si sentì sicura, forte e libera di poter volare verso il futuro che sentiva più giusto per lei.

La boxe, però, non è solo istinto e spirito di rivalsa, ma è anche tecnica, impegno e sacrificio, e Irma, seguendo gli insegnamenti del maestro Lucio Zurlo, a soli quattordici anni conquistò il titolo italiano Junior, guadagnandosi la convocazione in nazionale. Nel 2016, cinque anni più tardi, ai Giochi Olimpici di Rio fu la prima donna italiana nella storia del pugilato a partecipare a un'olimpiade e a quelli di Tokyo 2020 a vincere una medaglia.

Oggi Irma, soprannominata "Butterfly" dal suo maestro, non è più la ragazzina piccola e magra che si aggirava curiosa nella palestra di quartiere e, anche se porta ancora dentro di sé l'energia ribelle di quel luogo, con i suoi successi continua a dimostrare che con impegno e determinazione è possibile volare verso un futuro che coincida con i propri sogni.

28 DICEMBRE 1997

ILLUSTRAZIONE DI
AMALIA MORA

"NON MI SONO MAI SENTITA INFERIORE AI MASCHI."
— IRMA TESTA

ISABELLA D'ESTE GONZAGA

MECENATE

C'era una volta una bambina di nome Isabella che nacque a Ferrara tanto tempo fa, agli albori di un'epoca chiamata Rinascimento. Era la desideratissima e amatissima primogenita di Eleonora d'Aragona, figlia del re di Napoli, e di Ercole I d'Este, duca di Ferrara.

Isabella ebbe la fortuna di crescere in una delle corti più raffinate d'Italia, nella quale l'arte era celebrata e ritenuta vera ricchezza della città. Tanto curiosa quanto ambiziosa, Isabella colse tutte le possibilità che le offriva l'essere nata in una famiglia nobile e colta, e sin dalla giovinezza si avvicinò alle lettere, alla musica, alla danza e alla poesia, e imparò ad apprezzare la bellezza al punto da desiderare ardentemente di esserne circondata.

A sedici anni divenne moglie del marchese Francesco II Gonzaga, a cui era stata promessa in sposa già da bambina, e si trasferì a Mantova. Una volta lì, Isabella si ambientò velocemente, innamorandosi ben presto della città, e continuò la sua ricerca della bellezza commissionando opere di pregio agli artisti più talentuosi. Tra questi Leonardo da Vinci, il quale, dopo numerose insistenze, realizzò un ritratto a carboncino del suo profilo.

Prima collezionista d'arte della storia, fu anche la prima donna a far realizzare nella sua abitazione uno studiolo, un ambiente privato nel quale ritirarsi per riflettere. Isabella si rintanava tra quelle pareti decorate e impreziosite dalle più eleganti opere antiche e moderne ogni volta che aveva voglia di dedicarsi alla contemplazione del bello, di leggere o di scrivere lettere agli artisti e ai nobili con i quali intratteneva rapporti.

Con il suo profondo amore per l'arte e la cultura, Isabella riuscì meglio di chiunque altro a intercettare il fermento creativo che caratterizzava la sua epoca, e a meritarsi così l'appellativo di "Signora del Rinascimento".

17 MAGGIO 1474 – 13 FEBBRAIO 1539

"NEC SPE NEC METU – NÉ CON SPERANZA NÉ CON TIMORE."
— ISABELLA D'ESTE GONZAGA

ILLUSTRAZIONE DI ELISABETTA STOINICH

• KETTY LA ROCCA •

ARTISTA

C'era una volta una bambina con un carattere forte e determinato. Ketty era nata a La Spezia ma, dopo essere rimasta orfana del papà quando aveva nove anni, insieme alla mamma e alla sorella iniziò a spostarsi per l'Italia, imparando non solo a adattarsi ai cambiamenti, ma anzi a vederli come un'opportunità per soddisfare la sua curiosità.

Ketty visse a Roma, a Livorno, a Massa Carrara e a Spoleto, ma fu quando, ormai adulta, si stabilì a Firenze che una nascente passione fece prendere una nuova direzione alla sua vita. Mentre lavorava come maestra elementare, infatti, Ketty iniziò a interessarsi alla poesia visiva, una tendenza artistica che si faceva strada in quegli anni e che contava molti esponenti nel capoluogo toscano. Affascinata da quell'avanguardia artistica e dal vento di cambiamento che sembrava portare nella cultura, alla fine degli anni Sessanta Ketty realizzò i suoi primi collage, ovvero opere in cui l'artista sovrappone carte, ritagli di giornali e di riviste.

Ketty aveva osservato con attenzione il modo in cui le donne all'epoca venivano rappresentate nelle pubblicità e aveva notato che spesso erano trattate più come un prodotto che come esseri umani.

Nelle sue opere Ketty voleva mostrare questa stortura e contribuire così a un cambiamento sociale. Il mondo che aveva intorno meritava un'attenta indagine e Ketty, che da bambina curiosa era diventata una donna curiosa, nella sua breve vita non smise mai di interrogarsi e di cercare nuove soluzioni per trasformare in arte i propri pensieri. Non ottenne subito il riconoscimento che meritava, ma oggi le sue opere sono ritenute di enorme valore.

14 LUGLIO 1938 – 7 FEBBRAIO 1976

ILLUSTRAZIONE DI
ALICE PIAGGIO

"ANCORA, IN ITALIA ALMENO, ESSERE UNA DONNA E FARE IL MIO LAVORO È DI UNA DIFFICOLTÀ INCREDIBILE."
— KETTY LA ROCCA

· LA PINA ·

RAPPER E SPEAKER RADIOFONICA

C'era una volta una bambina che avrebbe voluto essere già adulta. Il mondo, infatti, a Orsola sembrava interessante tanto da volerlo scoprire così come potevano fare le persone grandi.

Anche se la famiglia Branzi viveva a Milano, Orsola trascorreva tanto tempo a casa della nonna a Firenze, dove era nata. Là, insieme ai cugini, poteva godersi l'aria aperta e passare le giornate a giocare liberamente, arrivando a sera con le ginocchia sbucciate e i capelli aggrovigliati.

Fin da piccola per Orsola la musica fu un'amica: le faceva compagnia durante la giornata, era con lei nei momenti importanti, sapeva ispirarla e la aiutava a adattarsi alle emozioni e ai cambiamenti che viveva, e proprio per questo suo amore a undici anni Orsola comprò il primo mangia dischi tutto suo. Da allora non smise mai di cercare e ascoltare musica, e quando diventò una giovane donna, iniziò anche a crearne.

Trasferitasi a Bologna per studiare, Orsola si appassionò all'hip hop, un genere che si stava affermando in quel periodo anche in Italia, e fondò un gruppo interamente femminile chiamato "le Pine". Quello fu l'inizio della carriera di Orsola, che ormai per tutti era La Pina, una rapper donna talentuosa che riscuoteva sempre più consensi imponendosi come figura di riferimento per l'hip hop italiano. Ma al mondo c'era ancora tanto altro da scoprire, e nel 1994 La Pina si innamorò della radio e iniziò a lavorare come speaker radiofonica, facendo arrivare la sua voce nelle case di tantissime persone. E con quel suo spirito ironico e anticonformista è riuscita a farsi amare.

Oggi, in compagnia del marito Emiliano, con la curiosità di sempre, La Pina continua a scoprire il mondo e a trovare il modo di raccontarlo a chi ha voglia di ascoltarla e farsi guidare da melodie nuove.

20 GIUGNO 1970

"VEDI? SOPRA LE NUVOLE
C'È SEMPRE IL SOLE."
— LA PINA

ILLUSTRAZIONE DI
IRENE RINALDI

• LAVINIA FONTANA •

PITTRICE

C'era una volta una bambina di nome Lavinia che nacque a Bologna in un tempo in cui alle donne erano precluse molte possibilità, tra cui quella di studiare e di apprendere un mestiere. In quell'epoca chiamata Rinascimento, Lavinia, talentuosa e affascinata dall'arte, a differenza delle donne attorno a lei, ebbe la grandissima fortuna di potersi avvicinare al sapere e alla cultura. Suo padre, infatti, era un noto pittore e fu ben lieto di accogliere in bottega la giovane figlia e di diventare il suo maestro. Prospero Fontana, così si chiamava, era un uomo colto che amava circondarsi di libri, e diede a Lavinia la possibilità, straordinaria per quell'epoca, non solo di imparare a dipingere, ma anche di studiare la storia e le lettere.

Sulle orme del padre, che era un eccellente ritrattista, Lavinia si avvicinò all'arte del ritratto, specializzandosi nella rappresentazione di volti e corpi attraverso la pittura. La sua passione per la pittura e l'arte in generale era tale che Lavinia decise di non accantonarla neanche quando si sposò, chiedendo al marito di non ostacolarla, di sostenerla nel lavoro e di aiutarla a gestire la sua carriera artistica.

Divenuta un'artista affermata nella sua città, richiesta dai personaggi più in vista ed esigenti, Lavinia scelse di non limitare il suo talento al ritratto e accettò di affrescare palazzi e chiese, attingendo all'immenso repertorio dei soggetti biblici e mitologici. La sua fama divenne tale che fu invitata da papa Gregorio XIII a trasferirsi a Roma per lavorare alla corte papale, dove si guadagnò ben presto il soprannome di "Pontificia Pittrice".

Lavinia continuò a dipingere opere pubbliche, ma a renderla celebre furono i ritratti di donna. Le nobildonne romane, infatti, desideravano che fosse lei a trasporre su tela le loro fattezze, perché era l'unica capace di coglierne l'essenza più profonda.

24 AGOSTO 1552 – 11 AGOSTO 1614

ILLUSTRAZIONE DI
CHIARA LANZIERI

"LEI NON DIPINGE PER NECESSITÀ,
MA PER UNA PROPRIA ESIGENZA,
PERCHÉ HA UN ANIMO NOBILE,
RICCO E VIRTUOSO."
— FRATE BARBIERI SU LAVINIA FONTANA

• LEA GAROFALO •

TESTIMONE DI GIUSTIZIA

C'era una volta una bambina di nome Lea. Era nata in un piccolo comune nella provincia di Crotone, e aveva pochi mesi di vita quando il destino che le era toccato in sorte bussò per la prima volta alla sua porta. Lea era la terzogenita di una famiglia che faceva parte di un'organizzazione criminale chiamata 'ndrangheta e a nove mesi rimase orfana del padre, un boss della malavita assassinato in un regolamento di conti. Nonostante tutta la sua famiglia fosse coinvolta in attività illecite, Lea visse con il sogno di fare l'avvocato e con la certezza di voler vivere onestamente.

Poco più che ventenne, Lea partì per Milano con il compagno Carlo e la figlia Denise, salvo poi scoprire che le intenzioni dell'uomo non erano nobili. Carlo aveva scelto di legarsi a Lea anche perché era convinto che il nome Garofalo lo avrebbe aiutato a espandere nel Nord Italia le attività criminali della sua famiglia. Lea provò inutilmente a convincerlo ad allontanarsi dalla 'ndrangheta, e quando l'uomo venne arrestato per traffico di droga decise di lasciarlo.

Spinta dal desiderio di offrire a Denise una vita migliore, Lea scelse di diventare testimone di giustizia, raccontando alla polizia ciò che sapeva sugli affari della 'ndrangheta legati alla sua famiglia ed entrando a far parte del programma che proteggeva chi testimoniava contro la malavita organizzata. Una volta uscito dal carcere, però, Carlo iniziò a cercare vendetta e anni dopo trovò Lea, le tese una trappola e la uccise. Le tolse la vita, ma non la certezza che, grazie alle sue azioni, era riuscita a donare alla figlia Denise una vita onesta e un destino diverso da quello toccato in sorte a lei.

24 APRILE 1974 – 24 NOVEMBRE 2009

ILLUSTRAZIONE DI
FRANCESCA PROTOPAPA

"SE È SUCCESSO TUTTO QUESTO È SOLO PER IL MIO BENE E NON SMETTERÒ MAI DI RINGRAZIARTI."
— DENISE COSCO, FIGLIA DI LEA GAROFALO

· LELLA LOMBARDI ·

PILOTA DI FORMULA UNO

C'era una volta una bambina che nei pattini, invece di infilarci i piedi, infilava le mani e ci giocava come fossero macchinine. Si chiamava Maria Grazia, ma tutti la conoscevano come Lella, e la sua musica preferita era il rombo del motore delle automobili.

Seduta nel furgone del salumificio del papà, Lella era ipnotizzata dal modo in cui i piedi e le mani di chi era alla guida si coordinavano nel manovrare i pedali e la leva del cambio, e una volta presa la patente diventò autista per la ditta di famiglia. Quando nel paesino di Frugarolo si vedeva sfrecciare il furgoncino dei Lombardi, tutti potevano essere certi di due cose: che alla guida c'era Lella e che i salami sul retro sarebbero giunti a destinazione, sballottati ma alla velocità della luce.

Con i guadagni di quel lavoro, Lella comprò a rate la sua prima auto da corsa e iniziò a inseguire un obiettivo ambizioso: diventare pilota di Formula UNO.

La sua prima partecipazione a un Gran Premio fu un disastro, visto che non riuscì nemmeno a qualificarsi, ma l'anno successivo Lella tornò in pista più agguerrita che mai e divenne la prima donna al mondo a guadagnare dei punti in una gara di Formula UNO.

Malgrado la bravura e la determinazione, però, Lella si rese conto che in molti, nell'ambiente, erano ancora convinti che l'unico casco che dovesse indossare una donna fosse quello del parrucchiere, e decise di abbandonare quel circuito, anche se continuò a correre e vincere nei campionati minori.

Nessuna donna è ancora riuscita a battere i record stabiliti da Lella, la pilota che con garbo e determinazione si fece largo in un ambiente completamente maschile, tagliando il traguardo dei suoi sogni.

26 MARZO 1941 – 3 MARZO 1992

"SOTTO IL CASCO, DONNE E UOMINI SIAMO DEL TUTTO UGUALI."
— LELLA LOMBARDI

ILLUSTRAZIONE DI
CAMILLA GAROFANO

• LETIZIA BATTAGLIA •

FOTOGRAFA E FOTOREPORTER

C'era una volta una bambina che amava la libertà. Era nata a Palermo, ma molto presto aveva lasciato la Sicilia per trasferirsi con la famiglia a Trieste. Letizia adorava sfrecciare in bicicletta per la città e quando, a dieci anni, tornò a Palermo, mantenne le sue abitudini. Purtroppo, però, un giorno fu importunata da uno sconosciuto, e da quel momento il padre le vietò di andare in giro da sola. Per Letizia quella limitazione era ingiusta, ma non poté che accettarla, nell'attesa di riconquistare l'amata libertà. Così a sedici anni decise di sposarsi, certa che quella fosse la via per tornare libera, ma le cose non andarono bene e si ritrovò in una nuova gabbia.

Diventata adulta cominciò a scrivere per "L'Ora", un importante quotidiano di Palermo. Per soddisfare le richieste degli editori, che volevano corredasse gli articoli con fotografie, Letizia prese in mano la macchina fotografica, divenendo ben presto la prima donna in Italia a lavorare come fotografa in un quotidiano. Iniziò a scattare per necessità, senza conoscere la tecnica, ma da subito intuì che era quella la libertà che tanto aveva cercato. Documentò la vita di Palermo: lo sport, i matrimoni, le inaugurazioni ma anche le morti e i volti della mafia. Senza che lo volesse, le sue foto in bianco e nero vennero apprezzate in tutto il mondo, e Letizia divenne la prima donna europea a ricevere il Premio Eugene Smith. Nel 2017 aprì a Palermo il Centro Internazionale di Fotografia, un luogo a metà strada tra una scuola e un museo, nel quale imparare e ammirare l'arte della fotografia.

Nelle sue foto Letizia ha sempre raccontato Palermo, città amata nel bene e nel male, mostrandone sia la bellezza sia la sofferenza causata dalla mafia. E ha raccontato l'innocenza dell'infanzia, attraverso lo sguardo di bambine che somigliavano a lei quando felice e libera correva in bicicletta.

5 MARZO 1935

ILLUSTRAZIONE DI
GIULIA VETRI

"UN BRAVO FOTOGRAFO
NON REGISTRA QUELLO
CHE VEDE MA QUELLO
CHE HA DENTRO."
— LETIZIA BATTAGLIA

• LINA MERLIN •

SENATRICE

C'era una volta una bambina tenace che sognava un mondo senza guerre e per questo era stata soprannominata "pacefondaia". Si chiamava Angelina ed era nata in una famiglia che le aveva insegnato l'importanza di rispettare il prossimo, soprattutto chi era più debole.

Una volta ottenuta la maturità magistrale, Lina iniziò a insegnare alle scuole elementari, ma ben presto capì che non le bastava essere solo una maestra, voleva combattere le troppe ingiustizie che c'erano al mondo. Così, si iscrisse al partito socialista e iniziò a collaborare con il periodico "La difesa delle lavoratrici", prendendo molto a cuore i diritti delle donne.

Lina portò avanti i propri ideali e l'impegno politico anche quando questo le costò il posto di lavoro, perché non volle giurare fedeltà al regime fascista.

Partecipò attivamente alla Resistenza e, al termine della Seconda guerra mondiale, venne eletta come membro dell'Assemblea Costituente, l'organo incaricato di redigere la Costituzione italiana. Si batté affinché nell'articolo 3, che sanciva l'uguaglianza di tutti i cittadini, venisse precisato che il sesso non può essere motivo di disuguaglianza, e che uomini e donne devono avere le stesse possibilità.

Quando nel 1951 una violenta alluvione devastò la provincia di Rovigo, Lina decise di recarsi a Adria e, indossati degli stivaloni, prestò aiuto alla popolazione come meglio poteva. Nel 1958 il suo impegno a favore delle donne si concretizzò nella famosa legge 75 del 20 febbraio che prese il suo nome, con la quale tentò di garantire maggiore dignità alle prostitute, tenendo così fede agli insegnamenti ricevuti da bambina e tendendo la mano ai più deboli.

15 OTTOBRE 1887 – 16 AGOSTO 1979

ILLUSTRAZIONE DI
MONICA ZANI

"MI AVEVANO ABITUATO A CONSIDERARE QUELLI CHE NON AVEVANO NULLA COME DEI FRATELLI CHE BISOGNAVA AIUTARE."
— LINA MERLIN

· LINA WERTMÜLLER ·

REGISTA E SCENEGGIATRICE

C'era una volta una bambina con un nome che somigliava a "una scarica di mitragliatrice": Arcangela Felice Assunta Wertmüller von Elgg Spanol von Braueich. Per tutti, però, era semplicemente Lina, una ragazzina minuta, talmente vispa e irriverente da riuscire a farsi cacciare da ben undici scuole! Lina non amava studiare, preferiva giocare e divertirsi e intanto osservare con attenzione il mondo che la circondava prendendosi gioco delle autorità.

A tredici anni Lina iniziò a portare gli occhiali, e quell'accessorio comune su di lei divenne un dettaglio capace di renderla unica e ancora più speciale. Lina riusciva sempre a trovare il lato allegro di ciò che le accadeva, e preferiva godersi una strada assolata piuttosto che rimuginare standosene in una ombreggiata.

Compiuti sedici anni si iscrisse all'Accademia d'Arte Drammatica e ben presto iniziò a lavorare come autrice e regista per radio e televisione. Collaborò con affermati registi teatrali e cinematografici, come Federico Fellini, e nel 1963 girò *I Basilischi*, il suo primo film. Il mondo del cinema era popolato perlopiù da uomini, ma Lina non era il tipo che si lasciava scoraggiare e con tenacia riuscì a dimostrare il suo talento, dirigendo film che si facevano notare anche per i titoli lunghissimi che sceglieva. Con i primi grandi successi nacque il sodalizio artistico che la legò a Mariangela Melato, attrice dal talento straordinario, per la quale Lina nutriva una profonda stima.

Nel 1977, con il film *Pasqualino Settebellezze*, fu la prima donna a ricevere una candidatura all'Oscar come regista per il Miglior film straniero e nel 2020, finalmente, strinse la statuetta tra le mani. Il premio le venne conferito per la sua magnifica carriera e fu la conferma che, con la sua irriverenza, Lina era riuscita a conquistare il mondo.

14 AGOSTO 1928

ILLUSTRAZIONE DI
GIULIA PIRAS

"IO MI DIVERTO CON LA VITA."
— LINA WERTMÜLLER

· LUISA SPAGNOLI ·

IMPRENDITRICE

C'era una volta una bambina di Perugia che era l'ultimogenita di una famiglia modesta, i Sargentini, nella quale il lavoro e l'impegno erano considerati valori assoluti. Quella bambina crebbe dovendo rinunciare a tante cose, ma non abbandonò mai la speranza di migliorare la propria condizione sfruttando intuito ed energia.

Dotata di grande ingegno, Luisa fu in grado di guardare al futuro senza farsi frenare dalle convenzioni sociali che la avrebbero voluta solo moglie e madre. Poco dopo le nozze, propose al marito, Annibale Spagnoli, di acquistare una vecchia drogheria e avviare un'attività dolciaria. Anche se l'uomo era titubante, Luisa lo convinse e così, senza sapere nulla di dolci, iniziò a produrre confetti. Dopo qualche anno entrò in società con l'imprenditore Buitoni, trasformando la confetteria nella Perugina, un'azienda che produceva cioccolatini.

L'intuito di Luisa fu eccezionale perché non solo la guidò a creare leccornie di grande successo come il famoso Bacio e la caramella Rossana, ma la portò a essere un'imprenditrice sensibile ai diritti dei lavoratori e delle lavoratrici. Infatti, quando durante la Prima guerra mondiale le donne sostituirono in fabbrica i mariti impegnati al fronte, creò all'interno dello stabilimento un asilo in cui le operaie potessero lasciare i figli durante i turni.

Terminato il conflitto, poi, si lanciò nella produzione di una lana speciale realizzata con il pelo dei conigli d'Angora che aveva iniziato ad allevare quasi per gioco. Nacque allora Angora Spagnoli, un'azienda che produceva capi di maglieria per le donne che non potevano permettersi filati pregiati. Alla prematura morte di Luisa, fu il figlio a portare avanti l'azienda, a cui diede il nome della mamma: il modo migliore per ricordare il talento e il genio di quella donna che aveva saputo inventarsi e reinventarsi.

30 OTTOBRE 1877 – 21 SETTEMBRE 1935

ILLUSTRAZIONE DI
LETIZIA IANNACCONE

"LA CAPACITÀ
DI IMMAGINARE
QUELLO CHE ANCORA
NON C'È, QUESTO
FA LA DIFFERENZA."
— LUISA SPAGNOLI

• MARGHERITA HACK •

ASTROFISICA

C'era una volta una bambina che amava giocare nell'enorme distesa verde di Campo di Marte, e quando vedeva passare un elicottero immaginava di attraversare il cielo azzurro di Firenze a bordo del piccolo velivolo.

Margherita amava stare all'aria aperta più di quanto non amasse andare a scuola. Era curiosa e, osservando il mondo attorno a lei, finiva per riempirsi la testa di domande sempre più grandi e sempre più distanti dai confini di quello stesso mondo.

Fu frequentando la facoltà di Fisica che Margherita iniziò a interessarsi alle stelle e all'universo e, ritrovandosi ancora una volta con lo sguardo rivolto al cielo, capì di aver trovato la sua strada. D'un tratto stare sui libri non fu più così noioso!

Le costellazioni, le stelle e i pianeti... da allora Margherita non smise mai di ammirarli attraverso l'enorme telescopio dell'Osservatorio di Arcetri, il luogo in cui adorava rifugiarsi per lavorare e riflettere.

Margherita, però, sapeva di non essere l'unica a porsi domande e per questo decise di raccontare, a chiunque volesse ascoltarla, quanto fosse straordinario l'universo. Iniziò così a viaggiare in lungo e in largo, condividendo con il pubblico delle sue conferenze la verità più importante che avesse scoperto: tutti gli esseri viventi sono fratelli perché tutti sono figli dell'evoluzione delle stelle.

Con la sua espressione vivace e un linguaggio semplice e diretto, riuscì a rendere l'astronomia interessante per adulti e ragazzi, che grazie a lei si appassionarono alla misteriosa e insondabile grandezza dell'universo.

Fu la prima donna a dirigere l'Osservatorio Astronomico di Trieste e continuò sempre a porsi domande e a cercare risposte.

12 GIUGNO 1922 – 29 GIUGNO 2013

ILLUSTRAZIONE DI
MARTA PANTALEO

"TUTTA LA MATERIA DI CUI SIAMO FATTI NOI, L'HANNO COSTRUITA LE STELLE."
— MARGHERITA HACK

· MARIA GAETANA AGNESI ·

MATEMATICA

C'era una volta una bambina che con la sua intelligenza riuscì a smentire stereotipi e pregiudizi sulle donne. Si chiamava Maria Gaetana ed era nata in una benestante famiglia milanese. Suo padre si era arricchito con il commercio della seta, e grazie a questa attività era riuscito a soddisfare l'ambizione di frequentare gente colta e facoltosa.

Fin dall'infanzia Maria Gaetana diede dimostrazione delle sue doti: si racconta che imparò il francese solo sentendo parlare la governante e i rudimenti del latino origliando le lezioni del fratello. Ma conosceva anche il tedesco, il greco, lo spagnolo e l'ebraico, per questo la sua famiglia le diede il soprannome di "Oracolo Settelingue" e decise di offrirle l'istruzione che, in quanto donna, non le sarebbe spettata. All'epoca, infatti, solo ai maschi era permesso studiare ma, nonostante ciò, Maria Gaetana ebbe degli insegnanti che l'avviarono allo studio della filosofia e della matematica.

Ben presto la sua intelligenza fuori dal comune divenne motivo, per gli intellettuali dell'epoca, di frequentare il salotto di casa Agnesi, nel quale lei dava sfoggio delle sue capacità e conoscenze, approfittando dell'attenzione di quegli uomini colti per esprimersi a favore dell'istruzione anche per le donne. Nel 1748 pubblicò, prima donna in assoluto, le *Instituzioni analitiche ad uso della gioventù italiana*, un'opera di matematica in due volumi che le valse una grande fama in Italia e nel resto d'Europa.

Quando, visti i suoi meriti, le fu proposto di insegnare matematica all'Università di Bologna, Maria Gaetana, che non amava la vita pubblica, rifiutò per dedicarsi allo studio della teologia e alla carità, aiutando i più sfortunati. E per questo suo altruismo fu nominata direttrice del reparto femminile del Pio Albergo Trivulzio, un ricovero per anziani e indigenti a Milano nel quale passò il resto della sua vita.

16 MAGGIO 1718 – 9 GENNAIO 1799

"LE DISCIPLINE MATEMATICHE (...) CI CONDUCONO A RAGGIUNGERE LA VERITÀ E A CONTEMPLARLA."
— MARIA GAETANA AGNESI

ILLUSTRAZIONE DI
LIDA ZIRUFFO

• MARIA LETIZIA GARDONI •

IMPRENDITRICE

C'era una volta una bambina che prima immaginava e poi progettava. Si chiamava Maria Letizia, era nata ad Ancona e adorava così tanto trascorrere il tempo in mezzo alla natura che uno dei suoi passatempi preferiti era perlustrare le campagne per andare alla ricerca di case rurali da guardare e ammirare. Il suo amore per piante e animali era tale che talvolta le era difficile trovare amici con cui condividerlo, ma non mise mai in discussione i suoi interessi e andò diritta per la propria strada, cercando di capire come quella grande passione potesse far parte della sua vita.

Terminato il liceo classico, Maria Letizia si iscrisse alla facoltà di Scienze e Tecnologie Agrarie e a soli diciannove anni, ancora nel pieno degli studi, decise che era giunto il momento di dare forma al suo destino. Con la fiducia e l'aiuto dei genitori acquistò un appezzamento di terreno nella campagna di Osimo e fondò l'azienda agricola Un podere sul fiume.

La strada scelta forse non era la più facile per una donna giovane, ma lei era certa fosse quella giusta, quella che aveva immaginato e progettato. E così con coraggio, impegno e dedizione iniziò a occuparsi della sua terra coltivando frutta e ortaggi biologici.

Dopo qualche anno dalla nascita dell'azienda e nonostante il settore fosse caratterizzato da un forte maschilismo, Maria Letizia ebbe la possibilità di affiancare al suo ruolo di imprenditrice agricola quello di rappresentanza all'interno della Confederazione Nazionale Coltivatori Diretti, diventando anche presidente nazionale di Coldiretti Giovani Impresa per un quinquennio.

La bambina che sognava di vivere in una fattoria ora è una donna che non smette di immaginare e progettare il proprio futuro a contatto con la natura.

10 NOVEMBRE 1988

"OGNUNO RAGGIUNGE E VIVE CON LE PROPRIE TEMPISTICHE I PROPRI TRAGUARDI PERSONALI."
— MARIA LETIZIA GARDONI

ILLUSTRAZIONE DI
FRANCESCA POPOLIZIO

MARIA MONTESSORI

DOTTORESSA E EDUCATRICE

C'era una volta una bambina brillante e intelligente, una studentessa ambiziosa che crescendo diventò un'insegnante rivoluzionaria.

Dopo anni d'insegnamento ai bambini disabili, Maria notò che le scuole non erano a misura di bambino. Non lo erano i vecchi metodi di insegnamento, che non tenevano conto del modo in cui ragionavano i piccoli studenti. E non lo erano le scuole stesse, con le loro aule e i mobili che le arredavano. Così, Maria aprì a Roma La Casa dei Bambini, una scuola in cui fanciulli dai tre ai sei anni potessero imparare nel modo che era loro più congeniale, senza seguire gli ordini dell'insegnante, ma muovendosi e agendo in completa libertà.

Per creare un ambiente più accogliente, Maria inventò dei mobili che consentissero ai bambini di essere autonomi, come sedie piccole e facili da spostare e scaffali bassi da cui gli allievi potessero servirsi senza l'aiuto di un adulto.

Il metodo Montessori consisteva in attività che permettevano ai bambini di sentirsi indipendenti e mettersi alla prova, trasformando in occasioni di crescita e apprendimento gesti quotidiani come abbottonarsi la camicia e allacciarsi le scarpe. «Mai aiutare un bambino mentre sta svolgendo un compito nel quale sente di poter avere successo» diceva Maria, convinta che gli adulti dovessero lasciare ai piccini il tempo di imparare da soli, per poter poi godere della gioia data da quel successo.

Il suo metodo si rivelò così efficace da essere adottato in tutto il mondo, e ancora oggi sono migliaia i bambini che crescono forti e sicuri grazie alle idee innovative di questa donna coraggiosa che non ebbe paura di mettere in discussione le proprie certezze e quelle della società.

31 AGOSTO 1870 – 6 MAGGIO 1952

ILLUSTRAZIONE DI
CLAUDIA PALMARUCCI

"IL PIÙ GRANDE SEGNO DI SUCCESSO PER UN INSEGNANTE È POTER DIRE: I BAMBINI STANNO LAVORANDO COME SE IO NON ESISTESSI."
— MARIA MONTESSORI

• MARIA ROSARIA CAPOBIANCHI •

VIROLOGA

C'era una volta una bambina che assorbiva come una spugna tutto quello che poteva imparare. Era nata a Procida, un'isoletta nel Golfo di Napoli, aveva i capelli ricci, gli occhi scuri ed era molto socievole.

Maria Rosaria adorava guardare in televisione i programmi di divulgazione scientifica perché le permettevano di soddisfare la sua enorme curiosità, e non perdeva nemmeno una puntata di *Non è mai troppo tardi*, una trasmissione che andava in onda ogni giorno con vere e proprie lezioni tenute da un maestro. Maria Rosaria riusciva a far proprie tutte le nozioni che ascoltava in televisione e studiava a scuola, anche se la sua passione erano la scienza e la matematica, tanto che alle scuole medie capì che il suo sogno era lavorare in un laboratorio.

Così quando si trattò di scegliere la facoltà da frequentare si iscrisse a Scienze Biologiche, e fin da subito rimase affascinata dalla biologia molecolare, quella branca della biologia che studia le molecole di cui sono costituiti gli organismi.

Dopo la laurea iniziò subito a insegnare scienze e chimica ma, per quanto amasse l'insegnamento, il suo obiettivo era passare le giornate in un laboratorio tra provette ed esperimenti, e quindi continuò a perseguirlo fino a quando non fu assunta dall'Istituto di virologia dell'Università La Sapienza di Roma, dove lavorò come ricercatrice e insegnante.

Nel 2000 Maria Rosaria divenne direttrice del laboratorio di virologia dell'Istituto nazionale per le malattie infettive Lazzaro Spallanzani, dove mise in piedi un team dedicato allo studio dei virus nuovi ed emergenti, e fu lì che, insieme al suo team quasi tutto al femminile, nel 2020 riuscì, fra i primi al mondo, nell'impresa di isolare il virus responsabile della pandemia di Covid-19, compiendo il primo passo verso la creazione di un vaccino.

30 LUGLIO 1953

ILLUSTRAZIONE DI
LIDA ZIRUFFO

"NON MI SPAVENTANO LE DIFFICOLTÀ."
— MARIA ROSARIA CAPOBIANCHI

• MARISA BELLISARIO •

MANAGER

C'era una volta una bambina che voleva fare la lavandaia. Maria Isabella Adelaide, infatti, era nata a Ceva, in provincia di Cuneo, e quando giocava lungo le rive del torrente Cevetta vedeva spesso le lavandaie con le ceste di biancheria da lavare e sognava di diventare una di loro. Crescendo, però, i piani di Marisa cambiarono.

Non era mai stata una studentessa modello, ma si laureò in Scienze Economiche e si rimboccò le maniche per dare il meglio di sé. Così, con l'ambizione e la determinazione che la caratterizzavano, alla fine dell'autunno del 1959 sostenne il suo primo colloquio di lavoro presso l'Olivetti, un'importante azienda italiana nel campo delle macchine per scrivere e da calcolo, che in quegli anni stava per avviare la produzione del primo elaboratore elettronico commercializzato al mondo. Da quell'incontro, Marisa uscì ottenendo un posto in un corso organizzato dalla ditta per formare degli analisti programmatori. Partecipando a quelle lezioni, si innamorò dell'informatica e pochi mesi dopo si trasferì a Milano per iniziare il lavoro di programmatrice.

Con il suo primo stipendio, Marisa aveva raggiunto quell'emancipazione economica che desiderava e che festeggiò con l'acquisto di un abitino di cotone bianco con un motivo a fragoline. Questo fu solo il primo obiettivo di una carriera eccezionale che la portò a diventare una manager di fama internazionale prima all'Olivetti e poi in altre importanti realtà.

Senza rinunciare al suo stile esuberante, Marisa si fece strada in un mondo fino ad allora popolato solo ed esclusivamente da uomini, cercando di annullare ogni pregiudizio legato al suo genere e divenendo, senza volerlo, un simbolo di emancipazione sociale e personale per altre donne che desideravano diventare manager e che in lei avrebbero trovato un modello a cui aspirare.

9 LUGLIO 1935 – 4 AGOSTO 1988

"PER UNA DONNA AVERE SUCCESSO È PIÙ DIFFICILE MA MOLTO PIÙ DIVERTENTE."
— MARISA BELLISARIO

ILLUSTRAZIONE DI ELISABETTA STOINICH

MATILDE DI CANOSSA

SIGNORA FEUDALE

C'era una volta una bambina di nome Matilde, che si ritrovò erede di un territorio sconfinato. In un'epoca come il Medioevo, in cui pace e guerra venivano decise da re e pontefici, Matilde divenne qualcosa d'impensabile per una donna: potente.

Il potere che derivava dai possedimenti e dai titoli nobiliari si tramutò ben presto in influenza politica: essere benvoluti dalla grancontessa significava avere prestigio e protezione, e tutti aspiravano a entrare nella sua cerchia di amicizie.

Matilde era legata alle massime autorità dell'epoca: il cugino Enrico IV, imperatore del Sacro Romano Impero, e l'amico papa Gregorio VII, capo della Chiesa cattolica. La grancontessa si ritrovò coinvolta nello scontro tra i due. Il primo, infatti, infastidito dal crescente potere del secondo, decise di mettersi contro di lui, ricevendo però in tutta risposta una scomunica. Infuriato, Enrico chiese a Matilde di prestargli il suo potente esercito, ma lei, fervente cattolica, non si fece abbindolare dalle lusinghe e riuscì a comportarsi come una stratega lucida e autorevole. Gli rispose di no, e promise di aiutarlo solo se lui avesse ottenuto il perdono del Papa. L'incontro tra i due avvenne in pieno inverno proprio a Canossa nel castello di Matilde. Lì, Enrico fu costretto a dimostrare il suo pentimento restando per tre giorni e tre notti inginocchiato nella neve davanti all'ingresso del maestoso edificio.

La tregua tra Enrico e Gregorio fu però breve, e nei vent'anni seguenti Matilde ebbe un ruolo cruciale nella lotta tra il Sacro Romano Impero e la Chiesa cattolica, schierandosi sempre al fianco del Papa, fornendogli il proprio supporto militare e affermandosi così come una delle personalità più forti e influenti del suo tempo.

1046 – 1115

ILLUSTRAZIONE DI
MARTA SIGNORI

"MATILDE, SPLENDENTE FIACCOLA
CHE ARDE IN CUORE PIO."
— DA *VITA MATHILDIS* DI DONIZONE
DI CANOSSA

MIUCCIA PRADA

STILISTA E IMPRENDITRICE

C'era una volta una bambina che aveva tutto ciò che si poteva desiderare: genitori che la amavano, una bella casa e tante possibilità. Si chiamava Miuccia, e pur consapevole di essere molto fortunata, era curiosa di scoprire mondi che fossero diversi dal suo. Questa curiosità la portò a dedicarsi allo studio della recitazione al Piccolo Teatro a Milano, perché intenzionata a diventare mimo, e in seguito a iscriversi alla facoltà di Scienze Politiche. Diventata una giovane donna scoprì l'impegno politico e, frequentando ambienti diversi da quelli in cui era cresciuta, capì che cosa le stava a cuore: la costruzione di un mondo più giusto a partire dai diritti delle donne.

A metà degli anni Settanta Miuccia entrò nell'azienda di famiglia, dedicandosi alla creazione degli accessori. Il negozio Prada, che si trovava nella prestigiosa Galleria Vittorio Emanuele II a Milano, vendeva articoli da viaggio e oggetti di lusso realizzati in materiali pregiati.

Una volta prese in mano le redini dell'azienda e complice anche l'incontro con Patrizio Bertelli, che sarebbe diventato suo marito, Miuccia decise di dare spazio alle proprie idee, introducendo una linea di abbigliamento composta di capi che lei stessa avrebbe voluto indossare. In brevissimo tempo Prada divenne una delle case di moda più importanti del mondo proprio grazie all'istinto e al gusto di Miuccia, che si dimostrò capace di guardare avanti e di cercare nuovi stimoli.

Da sempre appassionata d'arte, nel 1993 Miuccia istituì a Milano la Fondazione Prada, un luogo nel quale dare spazio ad artisti più o meno noti, riuscendo a trasformare così la sua passione in un impegno concreto per la cultura.

10 MAGGIO 1948

ILLUSTRAZIONE DI
ROBERTA ORIANO

"LE VITE DEGLI
ALTRI SONO
LA COSA CHE
MI INTERESSA
DI PIÙ AL MONDO."
— MIUCCIA PRADA

• NADIA SANTINI •

CHEF

C'era una volta una bambina libera e spensierata di nome Nadia. Era nata nel piccolo comune di San Pietro Mussolino, in provincia di Vicenza, e se l'inverno lo trascorreva in collegio dalle suore a Verona, dove dava prova di essere una ragazzina studiosa e diligente, d'estate si godeva la campagna che circondava i luoghi in cui cresceva.

Fantasticando sul proprio futuro, Nadia si immaginava insegnante, quindi decise di frequentare l'università a Milano, con l'intenzione di concretizzare quel progetto. Un giorno, però, proprio tra le aule della facoltà di Scienze Politiche conobbe Antonio, il ragazzo che sarebbe diventato suo marito e con il quale avrebbe dato una svolta inaspettata al suo futuro. La famiglia del marito possedeva e gestiva da molti anni una trattoria a conduzione familiare in provincia di Mantova, così Nadia e Antonio, dopo aver viaggiato a lungo per conoscere le migliori realtà gastronomiche, decisero di dedicarsi insieme a quella piccola ma ben avviata attività.

Nadia non era una cuoca ma, grazie agli insegnamenti della suocera e della nonna di Antonio, apprese i segreti di quell'arte, per la quale capì presto di avere un talento naturale, specializzandosi nella realizzazione di ricette tipiche della tradizione. Agnolini in brodo, tortelli di zucca... la pasta ripiena fu da subito il suo cavallo di battaglia e ben presto la trattoria Dal Pescatore divenne uno dei ristoranti più rinomati e conosciuti della zona.

La carriera di Nadia, però, era solo all'inizio, perché in breve tempo le sue doti da chef furono riconosciute anche a livello internazionale e Dal Pescatore raggiunse la notorietà in tutto il mondo. Nel 1996, infatti, il ristorante fu inserito nella Guida Michelin, ricevendo la massima valutazione, e Nadia divenne così la prima chef premiata con le tre stelle in Italia.

19 LUGLIO 1954

ILLUSTRAZIONE DI
IRENE RINALDI

"LA NOSTRA VITA È COME L'ACQUA E NOI SIAMO GOCCE NELLA CORRENTE."
— NADIA SANTINI

NATALIA GINZBURG

SCRITTRICE, TRADUTTRICE E DRAMMATURGA

C'era una volta una bambina schiva e solitaria che sapeva trovare conforto nella lettura e nella scrittura. Natalia Levi era nata a Palermo, ultima di cinque fratelli, ma ben presto con l'intera famiglia si trasferì a Torino, dove trascorse l'infanzia e la giovinezza. Poiché la famiglia era di origine ebraica, Natalia imparò giovanissima che cosa significassero la discriminazione e l'oppressione, visto che in Italia stava prendendo sempre più potere il regime fascista.

Natalia, che aveva scritto soprattutto poesie, nel 1933 vide pubblicato il suo primo racconto sulla rivista letteraria "Solaria", tra i cui redattori c'era anche colui che pochi anni dopo sarebbe diventato suo marito: Leone Ginzburg, un giovane intellettuale ebreo e antifascista, con il quale condivise l'impegno civile e politico e con cui si ritrovò a collaborare alla nascita della casa editrice Einaudi, dove Natalia lavorò come traduttrice e scrittrice. Quando Leone fu esiliato per mano dei fascisti, Natalia fuggì con lui a Pizzoli, in Abruzzo, e lì, con i loro figli, vissero insieme fino al 1943, anno in cui Leone fu arrestato e ucciso dalle guardie tedesche.

Nonostante il dolore per le tristissime vicende personali, Natalia non smise mai di essere un'intellettuale, impegnata nelle numerose battaglie sociali e politiche dell'Italia del dopoguerra. E qualche anno dopo scrisse quella che divenne la sua opera più celebre e che le valse anche il Premio Strega: *Lessico famigliare*, un romanzo nel quale Natalia raccontava la storia della sua famiglia e la sua infanzia, momento nel quale aveva scelto che persona diventare e quali valori e ideali fare propri.

14 LUGLIO 1916 – 8 OTTOBRE 1991

ILLUSTRAZIONE DI
GIULIA VETRI

"QUANDO SCRIVO DELLE STORIE SONO COME UNO
CHE È IN PATRIA, SULLE STRADE CHE CONOSCE
DALL'INFANZIA E FRA LE MURA E GLI ALBERI
CHE SONO SUOI."
— NATALIA GINZBURG

• NICOLE ORLANDO •

ATLETA

C'era una volta una bambina abituata ad affrontare la vita controvento. Nicole era nata con la sindrome di Down, una condizione genetica che comporta un ritardo nello sviluppo e nella capacità di muoversi e di parlare. Mamma Roberta e papà Giovanni, però, non volevano arrendersi al destino di difficoltà che i medici avevano prospettato alla sua nascita e così si affidarono all'Associazione Italiana di Persone con sindrome di Down, che aiuta le persone come Nicole a costruirsi una vita piena e felice. Il primo consiglio che misero in pratica fu di stimolare con massaggi i muscoli delle braccia e delle gambe di Nicole, e poi di dare subito il via alla sua carriera sportiva, per renderla ancora più forte. Non potevano ancora immaginare di quanti successi sarebbe stata costellata!

Sin da piccolissima, così, Nicole iniziò a praticare diversi sport, che non solo le rafforzarono corpo e carattere, ma la divertivano e la appassionavano anche. Il suo primo amore fu il nuoto, e dopo il tesseramento alla Fisdir, la Federazione Italiana Sport Disabilità Intellettiva e Relazionale, iniziò a gareggiare vincendo le sue prime medaglie.

Era già campionessa italiana di nuoto quando dimostrò anche un talento non comune nell'atletica, tanto da guadagnarsi la convocazione in nazionale, la partecipazione ai campionati mondiali e ai Trisom Games, le Olimpiadi per gli atleti con la sindrome di Down.

Nella sua carriera sportiva, Nicole ha conquistato record italiani, europei e mondiali, e per la tenacia con cui ha dimostrato di che cosa è capace chi affronta la vita controvento, nel 2015 è stata citata dal presidente della Repubblica Sergio Mattarella nel tradizionale massaggio di fine anno come esempio di esperienza positiva, insieme a Samantha Cristoforetti e a Fabiola Gianotti.

8 NOVEMBRE 1993

"VIETATO DIRE NON CE LA FACCIO!"
— NICOLE ORLANDO

ILLUSTRAZIONE DI
VERONICA CARATELLO

NILDE IOTTI

POLITICA

C'era una volta una bambina di nome Leonilde. Era determinata e coraggiosa, e dai genitori aveva appreso l'importanza di seguire la coscienza anche quando comporta pericoli e svantaggi.

Nilde, così la chiamavano tutti, era nata a Reggio Emilia, in una famiglia modesta, nella quale l'integrità veniva prima di tutto. Rimasta orfana del padre a quattordici anni, si rimboccò le maniche e grazie a una borsa di studio riuscì a iscriversi alla facoltà di Lettere e Filosofia a Milano. Con indosso il cappotto del padre, l'unico che poteva permettersi, Nilde frequentò l'università facendo la pendolare e, dopo la laurea, iniziò a insegnare. Sentiva però che quello non era il suo destino, e lo capì con certezza quando si iscrisse al Partito Comunista Italiano. Nilde sapeva bene che bisogna fare la cosa giusta anche quando si va incontro a dei rischi, e fu per questo che durante la Seconda guerra mondiale divenne una staffetta partigiana e contribuì alla liberazione dell'Italia dal fascismo.

Man mano che il suo impegno politico cresceva, Nilde si rese conto che la condizione delle donne le stava a cuore e che voleva lavorare affinché migliorasse. Eletta deputata all'Assemblea Costituente, si batté per affermare che dovesse esserci parità tra i coniugi e che alle donne andasse garantito l'accesso a ogni professione. Propose inoltre che alle casalinghe venisse assicurata una pensione. Nel 1979 divenne presidente della Camera, ricoprendo quel ruolo per ben tredici anni consecutivi.

Indimenticabili sono rimaste le parole del suo discorso di insediamento: «Comprenderete la mia emozione per essere la prima donna nella storia d'Italia a ricoprire una delle più alte cariche dello Stato». Così come indimenticabile è l'esempio di nobiltà d'animo e autorevolezza che ha dato agli italiani e alle italiane.

10 APRILE 1920 – 4 DICEMBRE 1999

ILLUSTRAZIONE DI
ALESSANDRA
DE CRISTOFARO

"LE DONNE OFFRONO OPPORTUNITÀ NUOVE, LIBERTÀ NUOVE, TERRENI NUOVI E PIÙ AVANZATI PER LA CRESCITA DELLA SOCIETÀ."
— NILDE IOTTI

• NIVES MEROI •

ALPINISTA

C'era una volta una bambina che aveva il destino scritto nel nome. In latino, infatti, *nives* significa "nevi", e Nives, tra il candore delle nevi, avrebbe compiuto imprese straordinarie.

Cresciuta in Friuli, quando ancora frequentava il liceo linguistico con l'obiettivo di diventare una traduttrice, Nives scoprì l'alpinismo ed esplorando le Alpi Giulie imparò un modo di vivere la sua passione per le scalate rispettoso e simbiotico nei confronti della montagna. A diciassette anni conobbe Romano, un compagno di cordata che presto si trasformò anche in un compagno di vita. Nives e Romano si sposarono nel 1989 e nove anni dopo riuscirono a scalare con successo il Nanga Parbat, in Pakistan. Nives fu la prima donna italiana a compiere quell'impresa, che segnò l'inizio di un ambizioso progetto di coppia: arrivare sulla vetta dei 14 ottomila, le quattordici montagne della Terra che superano gli 8.000 metri di altitudine.

Nel 2009, però, il loro sogno subì una battuta di arresto quando, a un passo dalla cima del Kangchenjunga, Romano si sentì troppo affaticato per proseguire. Nonostante il marito l'avesse incoraggiata a terminare da sola la scalata, Nives scese a valle con lui, non sottovalutando quel malessere e rimanendo sempre al suo fianco mentre combatteva e vinceva la battaglia contro una grave malattia. Fu nel 2017 che, raggiungendo la cima dell'Annapurna, i due completarono il tour dei 14 ottomila, prima coppia e prima cordata in assoluto a centrare quell'obiettivo senza l'uso di ossigeno supplementare né portatori d'alta quota. Divenuta la terza donna in assoluto nella storia a compiere questa impresa, Nives, con l'umiltà che la contraddistingue, oggi continua ad "andare in montagna" come ha sempre fatto, senza curarsi dei record, ma con una sola sfida in mente: imporre un modo femminile di vivere l'alpinismo in un ambiente da sempre prerogativa maschile.

17 SETTEMBRE 1961

ILLUSTRAZIONE DI
GIULIA TOMAI

"SONO UN'ALPINISTA,
PERÒ CON L'APOSTROFO
E QUELL'APOSTROFO
È LA MIA BANDIERINA
DI DONNA CHE FACCIO
SVENTOLARE LASSÙ."
— NIVES MEROI

· ORIANA FALLACI ·

GIORNALISTA E SCRITTRICE

C'era una volta una bambina consapevole che la vita non fosse "una facile avventura". Oriana era nata e cresciuta a Firenze, in una famiglia che considerava i nomi di Hitler e Mussolini alla stregua di parolacce. A dieci anni trovò in casa un giornale clandestino che, le spiegò il padre, non poteva essere venduto in edicola perché raccontava la verità, ovvero che i due dittatori erano degli assassini. Sconvolta dal pensiero che la dittatura diffondesse notizie false, Oriana si ripromise che un giorno avrebbe scritto per giornali liberi che pubblicavano solo notizie vere. Intanto, a soli quattordici anni, lottò per un'Italia liberata collaborando alla Resistenza partigiana come staffetta.

Durante l'adolescenza, insieme al rifiuto per la guerra, sentì crescere in lei anche l'amore per la scrittura ed entrò in punta di piedi nel settore della carta stampata. Il suo primo articolo apparve nel 1946 e fu l'inizio di una carriera folgorante, che la portò in giro per il mondo e la vide diventare una firma di spicco di reportage giornalistici tradotti anche all'estero, il primo dei quali raccontava la condizione della donna in Oriente. Indagando società lontane, mettendo all'angolo personaggi politici con le sue interviste scomode e raccontando come inviata di guerra i più importanti conflitti del secolo scorso, Oriana si impose con uno stile unico, in un ambiente popolato fino ad allora da giornalisti uomini.

Innamorata degli Stati Uniti, Oriana passò a New York gli ultimi decenni della sua vita, ma scelse l'amata Firenze come luogo in cui spegnersi. Fino all'ultimo, continuò a far sentire la sua voce senza temere critiche e polemiche, confermandosi un modello di riferimento per le giovani e i giovani che sognavano una carriera nel mondo del giornalismo.

29 GIUGNO 1929 – 15 SETTEMBRE 2006

ILLUSTRAZIONE DI
CARLA MANEA

"APRO LA MIA
BOCCACCIA [...] E DICO
QUELLO CHE MI PARE."
— ORIANA FALLACI

· RAFFAELLA CARRÀ ·

ATTRICE, SHOWGIRL, AUTRICE E CONDUTTRICE

C'era una volta una bambina che viveva con la mamma e la nonna a Bellaria, in provincia di Rimini. Il padre, da cui sua madre aveva divorziato poco dopo il matrimonio, non aveva mai fatto parte della sua vita, ma Raffaella Maria Roberta Pelloni era cresciuta in una famiglia piena di affetto nella quale ad accudirla erano due donne forti e indipendenti. Il canto e il ballo erano le sue passioni e così, a soli otto anni, si iscrisse prima all'Accademia di Danza Nazionale di Roma e poi al Centro sperimentale di cinematografia.

La carriera di Raffaella iniziò presto, con piccoli ruoli nel cinema, ma fu l'incontro con la televisione a permetterle di capire quale fosse il suo mondo. Nel 1970 fu tra le conduttrici del programma televisivo "Io, Agata e tu", e proprio in questo varietà iniziò la sua rivoluzione. Nelle case degli italiani apparve per la prima volta una soubrette che cantava e ballava esprimendo se stessa e la propria energia, giocando in libertà con il suo corpo e con costumi scintillanti e insoliti per l'epoca. Qualche anno dopo, nel programma "Canzonissima", presentò il brano *Tuca Tuca*, la cui semplice coreografia divenne subito un successo internazionale. E di riconoscimenti Raffaella continuò a inanellarne uno dopo l'altro, in Italia e all'estero, divenendo un personaggio iconico.

Grazie alle sue canzoni allegre e spensierate riuscì ad abbattere stereotipi e cliché, diventando un punto di riferimento per moltissime persone che ammiravano la sua autodeterminazione e la forza con cui era riuscita a imporre il proprio modo di essere. Sempre gentile, ma allo stesso tempo decisa nel condurre le battaglie sociali in cui credeva, Raffaella è stata e sarà per sempre la regina della televisione italiana.

18 GIUGNO 1943 – 5 LUGLIO 2021

ILLUSTRAZIONE DI
ROBERTA ORIANO

"IO RIPUDIO E ODIO LA VIOLENZA.
SONO UNA DONNA LIBERA
E SONO UNA DONNA DI PACE."
— RAFFAELLA CARRÀ

· RITA LEVI-MONTALCINI ·

SCIENZIATA

C'era una volta una bambina con le idee molto chiare: sin da piccola decise che da grande avrebbe aiutato le persone a guarire dalle malattie più cattive. Così, mentre ancora frequentava le elementari, Rita iniziò a sognare di diventare infermiera e portare soccorso al fronte, dove i soldati combattevano la Seconda guerra mondiale.

Suo padre, però, non sosteneva le sue ambizioni: secondo lui una donna non doveva dedicare la vita allo studio, bensì pensare solo a diventare moglie e madre.

Ciononostante, all'età di ventun anni, Rita si iscrisse alla facoltà di Medicina all'Università di Torino, determinata a imparare tutto il possibile sul funzionamento del cervello, sul tessuto nervoso e sulle cellule che lo compongono. Spinta da un'innata determinazione, non solo riuscì a intraprendere con successo il percorso di studi che aveva scelto, ma anche a non perdere di vista i suoi obiettivi neppure nei momenti più difficili.

In quel periodo, infatti, in Italia vigeva la feroce dittatura di Mussolini. E se dapprima agli ebrei come Rita fu vietato di frequentare l'università e i laboratori di ricerca, quando l'oppressione crebbe, la sua famiglia fu prima costretta a scappare in Belgio e poi a rifugiarsi nuovamente nella campagna torinese.

Ma nemmeno allora Rita mollò: ricreò un laboratorio casalingo nella sua stanza e, utilizzando aghi da cucito come strumenti chirurgici, riprese i suoi esperimenti continuando le ricerche mediche che tanto le stavano a cuore.

Rita lavorò incessantemente per tutta la vita, in Italia e negli Stati Uniti, con volontà e fermezza, e le scoperte in ambito neurologico le permisero di ottenere, nel 1986, uno dei massimi riconoscimenti per una scienziata: il Premio Nobel per la Medicina.

22 APRILE 1909 – 30 DICEMBRE 2012

ILLUSTRAZIONE DI
AMALIA MORA

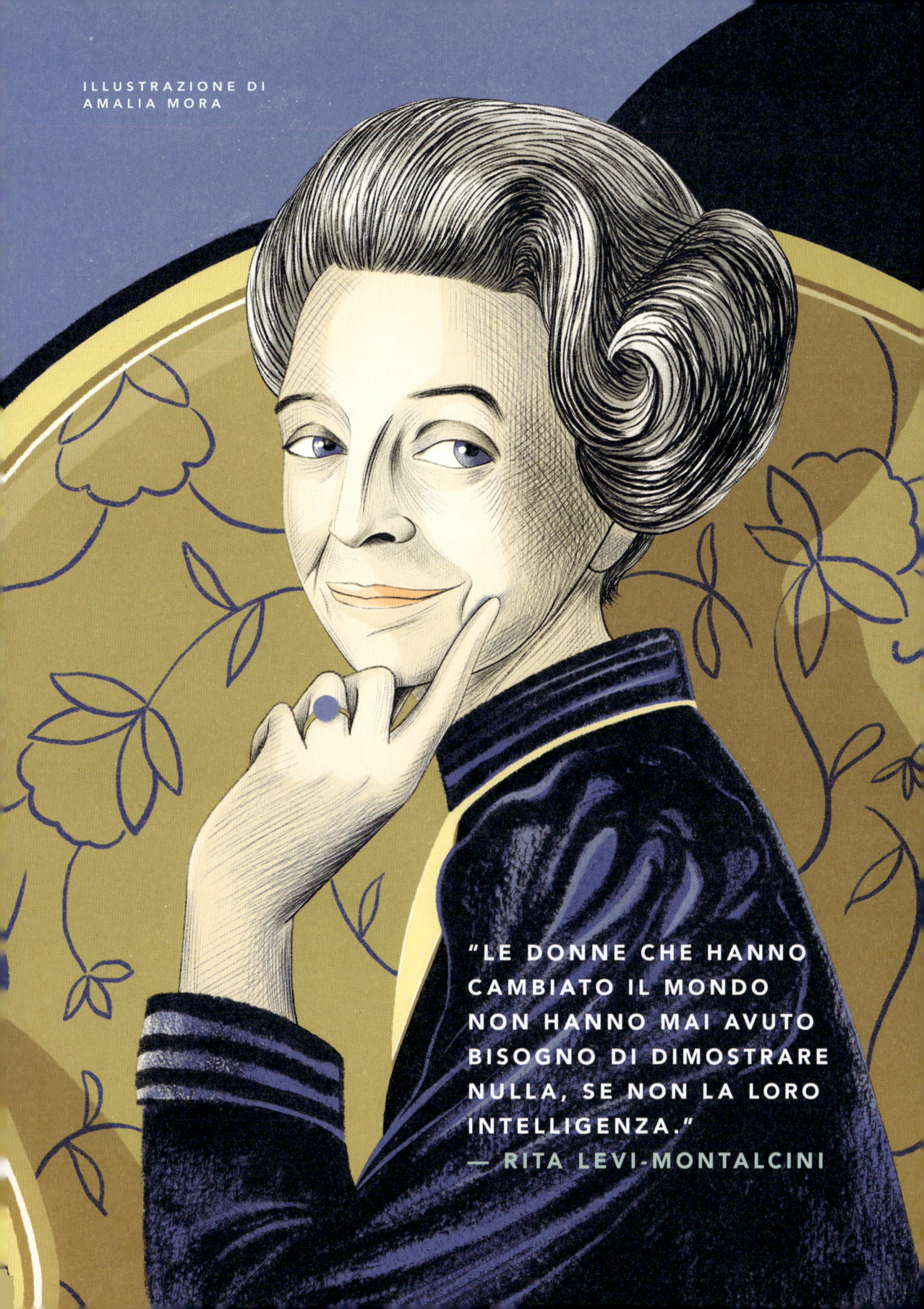

"LE DONNE CHE HANNO
CAMBIATO IL MONDO
NON HANNO MAI AVUTO
BISOGNO DI DIMOSTRARE
NULLA, SE NON LA LORO
INTELLIGENZA."
— RITA LEVI-MONTALCINI

ROSSANA ROSSANDA

GIORNALISTA E POLITICA

C'era una volta una bambina che aveva voglia di crescere e svolazzare come una farfalla. Si chiamava Rossana, era nata a Pola, in Istria, quando ancora faceva parte dell'Italia, e aveva avuto la fortuna di crescere in mezzo al verde e agli scogli.

Appena ragazzina, Rossana fu mandata assieme alla sorella a vivere a casa di una zia che abitava a Venezia. I suoi genitori stavano attraversando delle difficoltà economiche, ma non appena fu possibile la famiglia si riunì e si trasferì a Milano. Qui Rossana frequentò il liceo classico e la facoltà di Filosofia, iniziando a intravedere nella scrittura il futuro che desiderava. Quando di lì a poco scoppiò la Seconda guerra mondiale, Rossana non esitò a scendere in campo contro la dittatura nazifascista, scelse come nome di battaglia "Miranda" e divenne una partigiana.

L'impegno politico aveva sempre fatto parte della sua vita, ma con il tempo il bisogno di combattere le ingiustizie diventò pilastro dell'esistenza di Rossana che si iscrisse al Partito Comunista e, nel 1963, fu eletta deputata.

La sua passione per le parole e la scrittura, però, trovò il modo di emergere quando, nel 1969, fondò assieme a Lucio Magri una rivista politica con la quale analizzare e riflettere sulla rivoluzione politica e culturale innescata dai movimenti studenteschi e operai. Quella rivista si trasformò e qualche anno dopo divenne "Il Manifesto", un quotidiano dalle cui pagine Rossana ha continuato a esprimere per anni i suoi pensieri, divenendo un esempio di valore per le persone che avevano la fortuna di lavorare con lei, ed entrando nella storia del giornalismo.

Nel 2005, Rossana scrisse *La ragazza del secolo scorso*, libro nel quale raccontò la sua vita e la storia del Novecento vista attraverso gli occhi della donna libera e coraggiosa che era.

23 APRILE 1924 – 20 SETTEMBRE 2020

ILLUSTRAZIONE DI
FRANCESCA PROTOPAPA

"LE SCELTE PRIMA
LE FACCIAMO
POI CI FANNO."
— ROSSANA ROSSANDA

• SABINA AIROLDI •

BIOLOGA MARINA

C'era una volta una bambina che trascorreva ore e ore nel giardino di casa a osservare gli insetti che lo popolavano e già sapeva dentro di sé che da grande avrebbe studiato gli animali. Quella passione crebbe con lei, e qualche anno dopo Sabina si laureò in Scienze Naturali con una tesi sui ragni, che nei lunghi pomeriggi della sua infanzia l'avevano affascinata con la loro abilità da tessitori provetti di ragnatele.

Sabina, però, ignorava che di lì a poco i suoi studi sarebbero stati dirottati su animali molto più grandi. Nel 1987, infatti, divenne membro del Tethys, il primo istituto italiano a condurre ricerche sui cetacei del Mediterraneo. Un giorno, a bordo di un gommone, si ritrovò a pochi metri da un globicefalo, un enorme cetaceo della famiglia dei delfini. Rimase folgorata da quell'incontro e capì che i suoi interessi avrebbero abbandonato per sempre la terraferma per trasferirsi in mare aperto.

Sempre alla scoperta delle diverse popolazioni di cetacei che abitano i mari italiani, Sabina e i suoi colleghi si resero conto di quanto fosse urgente proteggere questi animali dalla pesca eccessiva e dall'inquinamento. Così si attivarono perché l'area marina compresa fra i territori francese, monegasco e italiano diventasse una riserva di biodiversità, impegno che nel 1999 fu coronato dalla nascita del Santuario Pelagos, la prima area internazionale protetta dedicata a questi affascinanti esseri viventi.

Negli anni, Sabina ha fondato e diretto importanti progetti di ricerca per continuare a conoscere e difendere la biodiversità marina, e oggi è direttrice del Cetacean Sanctuary Research, il progetto a lungo termine che l'Istituto Tethys conduce nelle acque del ponente ligure. Intanto, con un'instancabile attività di divulgatrice, fa sì che sempre più persone condividano il suo amore per tutte le splendide creature che popolano il Mediterraneo.

29 AGOSTO 1961

ILLUSTRAZIONE DI
CHIARA LANZIERI

"IL FUTURO
DEL MEDITERRANEO
E DEI POPOLI CHE
VI SONO AFFACCIATI
DIPENDE SOLO DA NOI."
— SABINA AIROLDI

• SAMANTHA CRISTOFORETTI •

ASTRONAUTA

C'era una volta una bambina che amava trascorrere le giornate esplorando la natura in cui era immerso il paesino di montagna in cui viveva. Quando poi giungeva la notte, Samantha sollevava lo sguardo verso il cielo punteggiato di stelle, e a vederlo così immenso e vicino pensava a quanto sarebbe stato bello poterlo esplorare.

Tutto, attorno a lei, sembrava alimentare questo desiderio: le lezioni di astronomia del suo maestro, i romanzi di avventura e di fantascienza che divorava, e persino la tv, dove la serie "Star Trek" raccontava di esseri umani che viaggiavano alla scoperta del cosmo.

Dopo essersi laureata in Ingegneria Meccanica, compì il primo passo verso quel cielo che da sempre l'aveva affascinata: frequentò l'Accademia aeronautica e divenne pilota militare.

Conquistato il cielo, Samantha era pronta a fare lo stesso con lo spazio, così fece domanda all'Agenzia Spaziale Europea (ESA) per entrare a far parte del Corpo Astronauti e, dopo quasi un anno di selezioni, fu scelta tra oltre ottomila candidati. Ce l'aveva fatta, era un'astronauta!

Prima di partire in missione, Samantha si sottopose a un addestramento di tre anni tra Russia, Europa e Stati Uniti per conoscere alla perfezione la Stazione Spaziale Internazionale (ISS), il gigantesco laboratorio orbitante a 400 km dalla Terra in cui avrebbe vissuto e lavorato. La missione nello spazio chiamata "Futura" è stata raccontata in diretta da Samantha in un blog.

Samantha è stata la prima donna italiana a essere selezionata come astronauta dall'Agenzia Spaziale Europea, e in questo momento si sta preparando per la prossima missione nell'orbita terrestre. Nel 2022, infatti, sarà la prima donna in Europa (e la terza al mondo) a ricoprire il ruolo di comandante della Stazione Spaziale Internazionale. Buon viaggio, AstroSamantha!

26 APRILE 1977

"SE HAI SOGNI E AMBIZIONI, PROVA A TROVARE UNA STRADA."
— SAMANTHA CRISTOFORETTI

ILLUSTRAZIONE DI MARTA PANTALEO

• SERAFINA BATTAGLIA •

TESTIMONE CONTRO LA MAFIA

C'era una volta una bambina nata e cresciuta in un mondo dominato da un'organizzazione criminale mafiosa chiamata Cosa Nostra, un mondo in cui, di fronte a reati e violenze, valeva una sola regola: non vedo, non sento, non parlo. E quando, diventata grande, sposò un mafioso, Serafina applicò quella regola quotidianamente perché il marito riceveva gli amici criminali nella bottega di caffè di famiglia. Lì, lei poteva origliare ogni dettaglio dei loro piani malavitosi, ben sapendo che, come moglie, doveva custodire il segreto e non mettersi contro Cosa Nostra. Il pensiero che ciò potesse essere sbagliato non la sfiorò nemmeno quando le uccisero il marito: era così che funzionava il suo mondo, e se la malavita aveva deciso di lasciarla vedova, così doveva essere.

Le cose cambiarono quando, due anni più tardi, fu assassinato anche il figlio Salvatore. «Mio figlio è sangue mio, e io devo reagire» si disse Serafina.

Senza esitare denunciò i responsabili dell'omicidio del suo Totuccio e, quando se li trovò davanti in tribunale, raggiunse la cella da cui seguivano il processo e dimostrò il suo disprezzo sputando loro addosso.

Prima donna a testimoniare contro la mafia, Serafina fu abbandonata da tutti: dai parenti, che la definirono pazza, e dagli avvocati, che si rifiutarono di assisterla poiché temevano ritorsioni criminali.

Ma Serafina non si fermò e, avvolta nel suo scialle nero da lutto, fu la testimone chiave nel processo agli assassini di suo figlio e in numerosi altri processi in tutta Italia. Anche se i mafiosi che lei aveva accusato la fecero franca, Serafina divenne un esempio per tutte le donne che grazie a lei trovarono il coraggio di ribellarsi e di collaborare con la giustizia.

1919 – 9 SETTEMBRE 2004

"PAURA?
NON NE AVRÒ MAI
IN VITA MIA!"
— SERAFINA
BATTAGLIA

ILLUSTRAZIONE DI
FRANCESCA POPOLIZIO

• SOPHIA LOREN •

ATTRICE

C'era una volta una bambina che annotò sul quaderno: «Un giorno diventerò attrice». Si chiamava Sofia Costanza Brigida Scicolone ed era così magra da essere soprannominata "Stecchino". Sophia crebbe a Napoli con la mamma, la sorellina, i nonni e gli zii. Per una famiglia tanto numerosa non era facile tirare avanti, e lo scoppio della Seconda guerra mondiale non migliorò la situazione: sotto i bombardamenti divenne quasi impossibile trovare da mangiare, e anche un bicchiere di latte sembrava la portata di un banchetto.

A quindici anni, quando ormai da brutto anatroccolo si era trasformata in uno splendido cigno, Sophia indossò un vestito cucito dalla nonna usando delle tende di *taffettà*, calzò delle vecchie scarpe rese candide con il bianchetto e partecipò a un concorso di bellezza. Si classificò tra le vincitrici e iniziò a risparmiare per comprare un biglietto ferroviario per Roma.

Accompagnata dalla mamma, un anno dopo Sophia giunse nella capitale del cinema italiano, dove ottenne un ingaggio come comparsa in uno dei colossal più famosi della storia. Era una particina microscopica, ma lei sapeva di essere nel posto giusto e covava la certezza che, con molta pazienza e tenacia, ce l'avrebbe fatta. Ben presto, infatti, i piccoli ruoli lasciarono il posto a quelli da protagonista, e la bambina magrolina divenne la musa dei più grandi registi italiani, dimostrando di essere non solo una donna bellissima, ma anche un'attrice talentuosa. Sophia era destinata a conquistare anche Hollywood, dove raggiunse una fama mondiale, dividendo il set con le star che l'avevano fatta sospirare quando, da ragazzina, si rifugiava nella sala buia del teatro Sacchini di Pozzuoli per vedere i grandi film di quegli anni.

Nella sua carriera ha preso parte a oltre cento produzioni ed è stata insignita di numerosi premi, tra cui l'Oscar come migliore attrice e quello alla carriera.

20 SETTEMBRE 1934

ILLUSTRAZIONE DI
CAMILLA GAROFANO

"NON PENSO POTREI VIVERE ASSOLUTAMENTE NULLA CON PIÙ PASSIONE DI QUANTO ABBIA FATTO."
— SOPHIA LOREN

· SUMAYA ABDEL QADER ·

ATTIVISTA

C'era una volta una bambina che voleva trovare la sua strada. Sumaya era nata a Perugia da genitori immigrati dalla Giordania, e sin da piccola aveva cercato un'identità definita e chiara. Attorno a lei, però, non c'erano molte persone ad avere una storia simile alla sua, e così Sumaya si affannava per capire chi fosse e quale fosse il suo posto nel mondo.

Suo padre era molto attivo nella comunità musulmana della città, e aiutava i ragazzi che come lui erano giunti in Italia per studiare a inserirsi nella realtà straniera, e sua madre era un'avida lettrice che passava ogni momento libero in compagnia di un libro: da loro Sumaya imparò il valore di porsi domande anche quando non hanno risposta, perché ciò che conta davvero è la volontà di capire e indagare la realtà.

Ventenne, Sumaya si trasferì in Lombardia per studiare e si laureò in Biologia e Sociologia: voleva conoscere i segreti della vita dal microscopico al macroscopico. Iniziò poi a occuparsi di integrazione per offrire ai figli di immigrati come lei l'opportunità di abbracciare un'identità complessa che comprendesse quella dei Paesi di origine e quella del Paese nel quale vivevano. Dedicò inoltre particolare attenzione alla condizione femminile, aiutando le donne vittime di violenza, ma anche combattendo lo stigma verso il velo indossato per motivi religiosi da alcune donne musulmane, presentandolo invece come frutto di una libera scelta per molte.

E crescendo e vivendo, Sumaya si rese conto che quell'identità definita che da bambina aveva tanto desiderato non sarebbe mai stata in grado di contenere tutto ciò che era: la sua vita sarebbe stata sempre simile a una tavolozza di colori, e lei avrebbe apprezzato e preso il meglio di ogni sfumatura.

16 GIUGNO 1978

ILLUSTRAZIONE DI
ALICE PIAGGIO

"LA COSA PIÙ IMPORTANTE È NON AVERE MAI PAURA DI PORSI DELLE DOMANDE, ANCHE QUANDO SI SA GIÀ CHE NESSUNO POSSIEDE LE RISPOSTE."
— SUMAYA ABDEL QADER

• TAKOUA BEN MOHAMED •

FUMETTISTA

C'era una volta una bambina che abitava a pochi passi dal deserto e si arrampicava sulle palme come Mowgli. Takoua viveva in Tunisia con la mamma e i fratelli, mentre il padre, che si era opposto al governo autoritario di Ben Ali, per non essere incarcerato e torturato, aveva dovuto lasciare il Paese quando lei era ancora piccolissima. Fu solo all'età di otto anni che Takoua partì per l'Italia per conoscerlo e iniziare una nuova vita con la famiglia finalmente ricongiunta nella provincia di Roma. Anche se la sua era una delle poche famiglie straniere della zona, a lei bastava stare vicino alle persone care per sentirsi a casa, e così visse serenamente l'inserimento in una nuova realtà.

Dopo l'attentato dell'11 settembre 2001 a New York, Takoua vide però aumentare i pregiudizi nei confronti delle persone di religione musulmana: i coetanei, spesso ignorando la sua storia e le persecuzioni subite dalla sua famiglia, cominciarono a additarla come terrorista solo perché indossava il velo. Takoua decise allora che avrebbe provato a spiegare nel modo più semplice possibile che cosa significasse avere un'identità interculturale ed essere sia tunisina sia italiana.

Ancora ragazzina, creò un fumetto che fu esposto a una fiera culturale e ricevette molti apprezzamenti. Takoua comprese che proprio attraverso quella forma artistica poteva far arrivare a più persone possibili i temi che le stavano a cuore.

Da allora, nei suoi libri, Takoua cerca di creare dialogo tra culture e di raccontare con ironia e sarcasmo la vita di una giovane donna che sa parlare in romanesco e che ha scelto di portare il velo. A oggi, Takoua non è ancora riuscita a ottenere la cittadinanza, nonostante viva in Italia da vent'anni.

22 SETTEMBRE 1991

ILLUSTRAZIONE DI
CLAUDIA PALMARUCCI

"NON ESISTONO DUE CULTURE
CHE NON HANNO NIENTE IN COMUNE."
— TAKOUA BEN MOHAMED

TERESA SARTI STRADA

FILANTROPA

C'era una volta una bambina che fin da piccola voleva diventare una professoressa. E fu così che Teresa Sarti, che nella periferia era cresciuta, da adulta insegnò in una scuola media della periferia milanese. Era una professoressa tanto schiva e riservata quanto determinata e risoluta. Dai suoi alunni pretendeva disciplina, ma la severità era il riflesso della dedizione con cui affrontava il suo lavoro. Insegnando, inoltre, ebbe modo di toccare con mano il disagio economico e sociale che affrontavano i ragazzini e le ragazzine che vivevano ai margini della città, spesso provenienti da famiglie di immigrati, e comprese così quanto fosse importante per lei aiutare i più sfortunati.

Nel 1971 incontrò uno studente di Medicina di nome Gino Strada, con il quale sin da subito si rese conto di condividere valori e ideali. L'affinità tra loro era tale che ben presto si sposarono ed ebbero una figlia, che chiamarono Cecilia. Complice anche l'esperienza maturata negli anni in cui il marito aveva lavorato per la Croce Rossa, nel 1994 Teresa ebbe l'idea di creare dei presidi medici in zone di guerra, nei quali fosse possibile offrire immediato soccorso chirurgico. Nacque così Emergency, un'associazione umanitaria che aveva lo scopo di promuovere la pace, la solidarietà e il rispetto dei diritti umani, grazie all'attività dei medici volontari, e di sensibilizzare l'opinione pubblica sulle crisi umanitarie provocate dai conflitti di cui troppo spesso non si parla. Se era Gino a impegnarsi sul campo in qualità di medico, era invece Teresa a gestire la struttura organizzativa di un'associazione che riesce ancora oggi a fornire assistenza in diciotto Paesi nel mondo, garantendo il diritto alle cure a migliaia di persone vittime delle guerre e della povertà.

Teresa morì nel 2009 dopo aver trascorso una vita a fare quello che da sempre credeva fosse il dovere di ciascuno: aiutare chi ne ha più bisogno.

28 MARZO 1946 – 1 SETTEMBRE 2009

"SE CIASCUNO DI NOI FACESSE IL SUO PEZZETTINO, CI TROVEREMMO IN UN MONDO PIÙ BELLO SENZA NEANCHE ACCORGERCENE."
— TERESA SARTI STRADA

ILLUSTRAZIONE DI ROBERTA ORIANO

• TINA ANSELMI •

MINISTRA

C'era una volta una bambina che fin da adolescente scelse da che parte stare. Si chiamava Tina, ma quando decise di diventare una staffetta partigiana prese "Gabriella" come nome di battaglia.

A diciassette anni Tina pedalava e pedalava, arrivando a percorrere fino a 120 km al giorno. Aveva capito di voler combattere in prima persona per il proprio Paese rischiando anche la vita il giorno in cui a Bassano del Grappa, insieme ai compagni di scuola, era stata costretta ad assistere all'uccisione di più di quaranta ostaggi da parte dei nazifascisti. Allora, ancora giovanissima, si era detta che avrebbe dovuto fare tutto quello che poteva per aiutare il suo Paese a risollevarsi, anche assumendosi dei grossi rischi, perché era compito morale di tutti i cittadini lottare per la libertà e la giustizia, ciascuno con i propri mezzi.

Laureatasi in Lettere, Tina iniziò a insegnare come maestra alle elementari continuando a portare avanti l'impegno politico attraverso l'attività sindacale. Con il tempo, però, si rese conto di voler dedicare tutte le sue energie alla politica per tentare di migliorare le condizioni lavorative delle donne e delle classi sociali più sfruttate.

Nel 1968 fu eletta alla Camera e otto anni dopo, nel 1976, divenne ministra del lavoro: fu la prima donna in Italia ad avere la responsabilità di un dicastero. Lavorando alacremente, senza mai distogliere lo sguardo dalle sue priorità, nel dicembre 1977 vide approvata una legge per cui si era spesa senza sosta: quella che garantiva la parità salariale e di trattamento tra uomini e donne.

Tina non smise mai di lottare per ciò che riteneva importante, ben sapendo che quando si decide di inforcare una bicicletta e di combattere per i propri ideali lo si fa consapevoli che si dovrà pedalare per sempre.

25 MARZO 1927 – 1 NOVEMBRE 2016

"LA QUALITÀ DELLA POLITICA SAREBBE MIGLIORE SE CI FOSSERO PIÙ DONNE ACCANTO AGLI UOMINI A GESTIRE I PROBLEMI DEL PAESE."
— TINA ANSELMI

ILLUSTRAZIONE DI
CLAUDIA PALMARUCCI

TINA BASSI

AVVOCATA

C'era una volta una bambina nata a Milano sotto il segno della giustizia. Il suo nome era Augusta, ma per tutti era semplicemente Tina.

Quando si trasferì a Genova e si iscrisse alla facoltà di Giurisprudenza, Tina era solo una ragazza appassionata di diritto che sperava un giorno di indossare la toga e dibattere nelle aule di tribunale. Non poteva sapere, infatti, che di lì a qualche anno sarebbe diventata un punto di riferimento nella difesa dei diritti delle donne in tutta Italia.

Solo dopo avere completato gli studi, con il tempo e la pratica della professione di avvocato, Tina si rese conto che ciò che le stava più a cuore era lottare affinché le donne potessero vivere in una società che le rispettasse. Decise quindi di mettere le proprie competenze a disposizione di tutte quelle donne che erano state vittime di violenze e abusi, prendendo parte a importanti processi che hanno cambiato profondamente la cultura del Paese.

Le sue arringhe furono fondamentali per mettere in luce quali fossero le lacune della legge nella tutela delle donne, ma a renderla nota al grande pubblico fu un documentario intitolato "Processo per stupro" e andato in onda sulla Rai nel 1979, nel quale Tina veniva mostrata mentre perseguiva degli uomini accusati di violenza sessuale sulle donne. Si trattò di un evento che destò grande interesse negli italiani e che permise a tutto il Paese di entrare, attraverso la televisione, nelle aule del tribunale di Latina e di conoscere quell'avvocata che si batteva con grinta e fermezza per ottenere una condanna che rendesse giustizia alla vittima.

E fu così che Augusta, detta Tina, divenne per tutti "l'avvocato delle donne".

2 GIUGNO 1926 – 4 MARZO 2008

ILLUSTRAZIONE DI
NINAMASINA

"... IO SONO L'AVVOCATO DELLE DONNE,
SONO FEMMINISTA E CI TENGO A DIRLO."
— TINA BASSI

• TINA MODOTTI •

FOTOGRAFA E ATTIVISTA

C'era una volta una bambina che non aveva giocattoli né tempo per giocare. Assunta Adelaide Luigia era nata in una famiglia poverissima e quando il padre fu costretto a lasciare Udine per cercare fortuna negli Stati Uniti, il compito di sostenere il resto della famiglia ricadde tutto su di lei. Così, terminata la terza elementare, Tina iniziò subito a lavorare e, poco dopo, ottenne un posto in una fabbrica tessile, tra le cui mura trascorreva anche dodici ore al giorno a filare seta.

Uno spiraglio di riscatto a quella vita di miseria giunse quando, diciassettenne, Tina raggiunse il padre a San Francisco. Lì, lavorò prima in una fabbrica di camicie e poi come sarta, dedicando il tempo libero alla frequentazione di mostre, circoli operai e gruppi teatrali. Proprio nella recitazione Tina trovò una prima forma di espressione e, trasferitasi a Los Angeles, prese parte a qualche produzione hollywoodiana riscuotendo un certo successo.

La parentesi cinematografica fu breve, perché Tina sentiva la necessità di dare un nuovo sbocco alla sua creatività, che trovò nella fotografia. Dapprima ne approfondì le tecniche facendo da modella e assistente al famoso fotografo Edward Weston e poi, giunta in Messico con lui, iniziò a scattare le prime fotografie, dando prova di uno spiccato stile personale. In quel Paese conobbe anche Frida Kahlo: le unì una grande sensibilità artistica e un'intensa amicizia.

Con l'iscrizione al Partito Comunista e l'inizio dell'attivismo politico, Tina mise il suo talento al servizio della denuncia sociale, immortalando poveri, lavoratori e donne del popolo, e facendosi conoscere anche al di fuori dei confini messicani. In seguito, espulsa per ragioni politiche dal Paese, Tina tornò in Europa e abbandonò la fotografia, decidendo di riversare tutte le sue energie nella lotta politica, spinta da quel senso di responsabilità che, sin da bambina, l'aveva portata a occuparsi di chi era in difficoltà.

17 AGOSTO 1896 – 5 GENNAIO 1942

ILLUSTRAZIONE DI
GIULIA PIRAS

"MI CONSIDERO UNA FOTOGRAFA,
E NIENTE ALTRO."
— TINA MODOTTI

· TROTULA DE RUGGIERO ·

DOTTORESSA

C'era una volta una bambina di nome Trotula che in età adulta ebbe la possibilità di studiare medicina, scienza verso la quale aveva dimostrato da sempre una grande predisposizione.

A Salerno, dove era nata, esisteva la Scuola Medica Salernitana, un'istituzione unica in Europa che somigliava a una moderna università. Lì alle donne era concesso studiare e insegnare, e anche Trotula, che quasi certamente proveniva da una famiglia nobile e ricca, la frequentò avendo così l'opportunità di approfondire i suoi interessi. La giovane decise di indagare i fenomeni specifici del corpo femminile, come per esempio le mestruazioni e il parto, cosa che prima di allora nessuno aveva mai fatto, visto che gli studiosi di quel tempo si occupavano esclusivamente del corpo maschile. Per vergogna e pudore, le donne non si rivolgevano ai medici, e fu per questo che Trotula sentì l'esigenza di offrire loro la possibilità di essere ascoltate, comprese e guidate nella cura del loro corpo con diagnosi che si basassero sulla conoscenza dell'anatomia femminile, e divenne così la prima dottoressa e ginecologa d'Europa.

L'impegno di Trotula, però, non fu solo rivolto alla pratica medica perché, grazie ai suoi studi e alle esperienze maturate, scrisse anche dei trattati in latino in cui racchiuse tutto il suo sapere; e le sue opere, che trattavano di ostetricia e ginecologia, ma anche di cosmesi, furono in seguito tradotte in molte lingue europee.

Trotula era convinta che per prendersi cura del proprio corpo fossero molto importanti l'igiene personale e la prevenzione, concetti estremamente moderni, che hanno contribuito al progresso della scienza medica di cui Trotula era riuscita a comprendere già allora l'importanza.

VISSUTA NELL'XI SECOLO

"LE DONNE, PER PUDORE E PER INNATA RISERVATEZZA, NON OSANO RIVELARE A UN MEDICO MASCHIO LE SOFFERENZE."
— TROTULA DE RUGGIERO

ILLUSTRAZIONE DI
MONICA ZANI

• SCRIVI LA TUA STORIA •

C'era una volta…

· DISEGNA IL TUO RITRATTO ·

• L'AUTRICE •

ELENA FAVILLI è un'autrice bestseller internazionale. Giornalista professionista e imprenditrice, è fondatrice del gruppo editoriale Rebel Girls. Ha lavorato per COLORS, McSweeney's, RAI, Il Post e la Repubblica. Si è laureata in Semiotica all'Università di Bologna e ha studiato giornalismo digitale all'Università di Berkeley, in California.

REBEL GIRLS è un gruppo editoriale dedicato alla promozione dell'uguaglianza di genere. I libri, i podcast e gli eventi di Rebel Girls invitano le bambine a sognare più in grande e a realizzare il loro potenziale attraverso i racconti di donne straordinarie del passato e del presente. La comunità di Rebel Girls si estende in 85 Paesi, con oltre 6 milioni di libri venduti in 51 lingue e 7 milioni di podcast scaricati.

• HANNO COLLABORATO •

PER I TESTI

Carolina Capria e **Mariella Martucci** sono nate, rispettivamente, a Cosenza e a Napoli, e per oltre vent'anni hanno vissuto senza sapere nulla l'una dell'altra. Poi, nel 2007, si sono ritrovate coinquiline, e nei due anni seguenti hanno frequentato insieme il master in Tecniche della Narrazione alla Scuola Holden di Torino, dove sono diventate amiche (non è vero, lo erano già dopo due minuti che si conoscevano!) e socie di scrittura. Da allora, lavorano insieme come autrici e sceneggiatrici per la televisione e sono una delle coppie più longeve e attive della letteratura per l'infanzia, concentrandosi sulla creazione di personaggi femminili capaci di fornire alle loro lettrici un immaginario alternativo a quello più diffuso, popolato in maggioranza da personaggi maschili. Nel frattempo, Carolina è diventata l'anima di L'ha Scritto una Femmina, pagina Facebook e profilo Instagram, che promuove la parità di genere in ambito letterario, e Mariella si è specializzata nella traduzione di romanzi per ragazzi.

PER LE ILLUSTRAZIONI

Ecco tutte insieme le venticinque artiste straordinarie che, con il loro tratto unico e la spiccata personalità, hanno ritratto le cento pioniere Ribelli italiane di questo libro.

VERONICA CARATELLO, 7, 63, 113, 167
ALESSANDRA DE CRISTOFARO, 11, 53, 121, 169
CAMILLA GAROFANO, 35, 41, 103, 137, 187
LETIZIA IANNACCONE, 31, 87, 145
CHIARA LANZIERI, 17, 71, 133, 181
CARLA MANEA, 9, 69, 119, 173
NINAMASINA, 61, 115, 123, 197
AMALIA MORA, 13, 57, 125, 177
MARGHERITA MOROTTI, 51, 75, 99
ROBERTA ORIANO, 79, 161, 175, 193
CLAUDIA PALMARUCCI, 39, 105, 153, 191, 195
MARTA PANTALEO, 37, 89, 147, 183
ALICE PIAGGIO, 25, 81, 129, 189
GIULIA PIRAS, 91, 97, 143, 199
FRANCESCA POPOLIZIO, 33, 151, 185

FRANCESCA PROTOPAPA, 21, 77, 135, 179
IRENE RINALDI, 15, 65, 131, 163
MARTA SIGNORI, 3, 49, 107, 159
FLAVIA SORRENTINO, 19, 73, 109, 117
ELISABETTA STOINICH, 5, 47, 127, 157
GIULIA TOMAI, 27, 29, 55, 111, 171
GIULIA VETRI, 59, 95, 139, 165
ILARIA ZANELLATO, 43, 67, 101
MONICA ZANI, 23, 85, 141, 201
LIDA ZIRUFFO, 45, 83, 93, 149, 155

TUTTI I TITOLI DELLA COLLANA

Storie della buonanotte per bambine ribelli
100 vite di donne straordinarie

Storie della buonanotte per bambine ribelli 2

Storie della buonanotte per bambine ribelli
100 donne migranti che hanno cambiato il mondo

Guida per bambine ribelli
Alla scoperta del corpo che cambia

SCOPRITE RIBELLI ANCORA PIÙ STRAORDINARIE!

Con Save the Children per un #futurosenzaconfini

MONDADORI RAGAZZI e SAVE THE CHILDREN
supportano l'empowerment delle bambine e delle ragazze in Italia

Insieme per un
#FUTUROSENZACONFINI

- Mondadori e Bambine Ribelli sono al fianco di Save the Children in un progetto che ha l'obiettivo di sviluppare e potenziare i talenti di bambine e ragazze, incoraggiando anche in Italia l'abbattimento delle barriere legate alle discriminazioni e agli stereotipi di genere.

- Il progetto si sviluppa all'interno della campagna nazionale Riscriviamo il Futuro, avviata a maggio 2020 come risposta alle necessità emerse in seguito alla diffusione del Covid-19 e per offrire un sostegno di medio e lungo periodo alle famiglie, alle bambine, ai bambini e agli adolescenti che vivono in contesti svantaggiati.

- All'interno dei centri di Save the Children si realizzano laboratori e attività con l'obiettivo di contribuire alla rimozione degli ostacoli che impediscono il raggiungimento di un'effettiva uguaglianza di genere, soprattutto nei luoghi in cui, a causa dell'impoverimento socio-economico, gli effetti delle discriminazioni sono più accentuati.

- Insieme, Mondadori, Bambine Ribelli e Save the Children si propongono di migliorare la capacità delle bambine e delle ragazze di compiere scelte consapevoli, perché accresca in loro il desiderio di mettere le ali, diventare protagoniste del proprio futuro e realizzare i loro obiettivi, come hanno fatto le 100 donne italiane straordinarie raccontate in questo volume.

Save the Children ha già raggiunto migliaia di bambine e ragazze in Italia. Sostieni l'attività con una donazione per dare a tante altre un #futurosenzaconfini!

Con Bollettino di conto corrente postale
C/C postale n.43019207

Con Bonifico Bancario
Banca Popolare Etica IBAN IT71P0501803200000011184009

Puoi intestare il bonifico o il bollettino postale a Save the Children Italia ONLUS – Piazza di San Francesco di Paola 9, 00184 Roma. Inserisci la causale: Mondadori Bambine Ribelli – 19398. Ricorda che puoi farlo anche online attraverso il sito di Poste Italiane o tramite l'home banking.

ONLINE
Inquadrando il QR Code oppure su savethechildren.it/futuro-senza-confini

GRAZIE PER IL PREZIOSO AIUTO!